西洋思考と日本人

Western Thoughts and Japanese

清宮孝治
Seimiya Koji

中央公論事業出版

謝辞

　第一に感謝すべき人は Elwood B. Gerrits 氏である。私がアメリカに 6 年（1971〜1977年）住んでいる間、すべての面で援助していただいた。また帰国後も、彼が逝く（2008年）まで実に30年以上も太平洋を隔てて親しい交際ができた恩は、言葉にできないほどである。経済的な援助はもとより、彼の性格によって私の思考はすべて一変したものといえる。アメリカ人特有の心の広さ（open-minded）で、私が何を言おうと温かく受け入れてくださった。さらに彼は、California, Piedmont High school の英語と地理の教師であったために、私の英会話の教師でもあった。大学で学習したものを、帰宅前に立ち寄られて何度も討論したのを憶えている。
　次に、難しい哲学を教えていただいた故 Karl H. Niebyl テンプル大学名誉教授に感謝したい。彼が持っていた図書室（車庫を改造したものだったが、現在はバークレーにカール・ニーブル図書館がある）で個人教育をしていただいた。帰国前に彼の未発表の論文や大切にされていた書物等をいただいたことは、私自身のほこりである。
　現在でもなお執筆活動を続けている Douglas F. Dowd 博士（当時カリフォルニア大学バークレー校教授、現在イタリア、ボローニャ在住）にも大変お世話になった。しかし、授業の厳しさは計り知れなく、このことで学問するこ

との本当の意味を味わった。

　また、カリフォルニア州立大学サンホセ校在学中にお世話になったM. Lee経済学部教授、そして私の英語の師匠であり友人でもあるTerry Doyle氏、さらにそのほか滞米中は多くの方にお世話になったが、特に今も家族全員で交際を続けているJacklyn Tobias夫人の名を挙げて終わりたい。

はじめに

　私の知る限り、西洋思考(合理的なものの見方と論理的な思考)を自分で咀嚼してわかりやすく紹介している日本の哲学者は皆無と言いきることができる。私は読者が西洋思考を理解していただくためにできるだけ多くの分野の例文(全て著者が書いたものだが興味のないものは無視しても西洋思考を理解していける)を載せてみた。読者が数行読んでいただいて西洋思考というものを理解したならばすでにこの書物の代金の価値は得ていただいたと確信する。少なくとも数冊分のまんが本よりは…。

目次

謝辞 ……………………………………………………… 1
はじめに ………………………………………………… 3

要約 ……………………………………………………… 9
第1章　なぜ我々は子供に見られるか ……………… 13

　　第1節　「声」のない国民　13
　　　　1．体験を通しての貴重な発見　13
　　　　2．論理性の欠如、話し下手な日本人　17
　　　　3．聞く耳を持たない人たち　22

　　第2節　「甘え」、負の文化　26
　　　　1．「甘え」の一般性　26
　　　　2．子供から「大人」へ　28
　　　　3．2つの人間関係：「甘え」のある関係、
　　　　　　「契約」で成立する関係　30
　　　　4．慣用的思考「してもらう」「してやる」、主従関係　32

第2章　なぜ「12歳程度の子供」という侮蔑に
　　　　平然としていられるのか …………………… 35

　　第1節　封建的思考を持ち続けて　35
　　　　1．「世界第2位の経済大国」の終焉　36
　　　　2．「商人資本」の歴史を振り返って　38
　　　　3．幕末期のできごと、どちらに立って歴史を見るか　42
　　　　4．商人資本の独り立ち　44

第2節　西洋型思考の実体験　47
　　　1．民主主義の原点を見る　48
　　　2．科学を生活の中で、合理性の追求と創造力の育成　50
　　　3．生活ルール　52
　　　4．学校にて　58

第3章　哲学が育たない国 ……………………… 65

　　第1節　哲学とは　67
　　　1．定義　67
　　　2．哲学のない世界　69
　　　3．哲学者の歴史的背景　71
　　　4．哲学者の不在　76

　　第2節　哲学と思想　78
　　　1．思考法（哲学）　78
　　　2．思想（idea）　79

　　第3節　哲学を楽しもう　80
　　　1．論理の展開　81
　　　2．ステレオタイプ（一般論）の再考　86

第4章　西洋思考への招待 ……………………… 107

　　第1節　定義　107
　　　1．西洋思考とは何か　107
　　　2．日本人の誤解　114
　　　3．西洋思考論　117

　　第2節　歴史的背景　136
　　　1．狩猟採集経済（石器文明）から治水農耕文明まで　137
　　　2．鉄器の発明と伝播　144
　　　3．工業文明　155

第3節　合理性の限界と日本人の次の課題へ　167
　　1．戦争の20世紀と西洋思考の限界　167

第5章　「大人」の目でみる日本の課題　………… 171

第1節　歴史の認識　171
　　1．なぜ歴史が無視されるか　171
　　2．天皇と歴史　173
　　3．民主国家と天皇：理性と信仰の共存　177
第2節　三位一体の崩壊　178
　　1．三位一体を支えてきた商人資本の変化　179
　　2．55年体制保守政権の崩壊　181
　　3．国家官僚の変貌　182
第3節　日本の将来　迫り来る危機　183
　　1．日本の植民地化を防げるか：「黒船」は大陸から　184
　　2．創造力をもつ人間を育てることが
　　　　日本を救う道である　185

主な参考文献　189
注釈　194

装丁／竹内宏江

要約

　この本は、マッカーサー元帥が第二次世界大戦中に言ったとされている「日本の大人は西洋人に比べると12歳程度である」を念頭にして書いている。当時の日本人の挙動やマナーなどが西洋人の大人になる少し前の「子供っぽさ」を持つあどけない自律できない子供を思い描いてこのような言葉が彼の口から発せられたのだと思われる。
　西洋人に「大人」としてではなく「子供」のように見られた我々日本人はそれから60年過ぎた今日どれだけ変わったのであろうか。私はほとんど日本人の精神は変わっていないような気がしてならない。なぜなら、日本人は今でも前述したごとく「声」を持たず、そして外国人には非常に不思議に見える挙行（人前での居眠り、沈黙、笑顔）は西洋人の「大人」としての態度からかなり離れている。すでにこのような日本人の挙行は、西洋人にだけでなくアジア人にも知れ渡り、彼らからも同じような見方をされている。日本はなんとか世界の一員に留まろうと努力をしていると見えるが、このままでは世界どころかアジアの中でも一番端に位置する「島民」に見られるのはもはや時間の問題といえよう。英会話や西洋文化のコピーだけで国際的なセンスを身に付けるのでなく、きちんとした人間としての自律心や理性を養って自信と誇りを持つことがいかに重要なことか、日本人はまだ気付いていないようである。

このような私見を踏まえて、批判を恐れずに私なりの「日本人論」をこの書物の中で展開してゆきたい。読者は「国際人」になるには何が、なぜ、どうして必要かをこの本を通して理解していただければ本望である。

　第1章では、日本人がなぜ「大人」に見られないかを大きく2点に分けて説明している。一つは、きちんとした思考法を持たず整然とした説明ができなくて「無言」でいること。もう一つは、人前に立つことや接することに不慣れで日本人特有のしぐさ（照れ笑い、甘え、みんながするまで待つ等）が外国人にとって「子供」にしか見えないこと。

　第2章では、"なぜ「12歳の子供」で平然としていられるのか"を問うている。それは、日本人が今まで歩んできた成功（？）の道にしがみついているからである。幻想を捨て実生活で日本の精神と西洋型の生活とを比較することで西洋思考の合理性を納得するのではなかろうか。

　第3章は、「哲学」を話題にしている。西洋人は「なぜ、どうして、何が」を論理的に思考できる環境の中で育っている。だから、自由に質問できるので問題も解決へ向かう。しかしながら、日本人にとっては非常にむずかしい。「哲学」をもっと身近なものにすべきである。日本の自称哲学者は「哲学者」の説明や解説で終わるが私（著者）は実際に使うことを強調したい。本人が哲学をこなせなくては読者を説得することは難しい。3つの例題を載せたが、読者に興味がなければ抜かしても問題はない。その中の1つ「アフリカンイブ：第三の証明」は著者が英文にて「ネ

イチャーに投稿したが掲載されなかった」ものを翻訳したものである。実際に体を使って「イ音」がどのように発せられるかを研究して、独自の理論を組み立てたものである。

　第4章は、西洋思考そのものに立ち入っている。日本人が西洋思考と西洋思想とを誤解しないようにきちんと説明してある。

　第5章は、日本人が今日直面している課題について西洋思考を通して考察してみた。著者自身の意見をはっきり述べるのも西洋的な見方である。著者の理論は少し先走っているように見えるかもしれないが、すでに日本は危機に直面していることは確かである。

第1章　なぜ我々は「子供」に見られるか

第1節　「声」のない国民

1．体験を通しての貴重な発見

　英会話が上達すればアメリカで普段の生活はできるが、それを超えた貴重な発見は、つまり会話を楽しむことや、積極的に社会の中に入ることには他に何かがあると知ったときであった。アメリカの大学や他の会合、パーティなどで最初はうまく口を合わせていくがいつの間にか自分は会話の外にいることに気がつく。最初は下手な英語のせいと思っていたが相手の話がわかっているのにどうして自分の会話がはずまず長く続かないのかしばらく考えていたことがある。やっとそれに答を出すまでに２年くらい過ぎてしまった。会話術（論理学）を日本で学んでいないために話の進め方がまったく不慣れであったことが一番の原因であった。

　会話術さえ身に付けておけば初歩的な英会話だけでかなりアメリカの社会の中に早く溶け込んでいけたと思うと残念でならない。どんな集団（パーティーなど）に入っても多少日本人ということで最初は会話が弾むが、２〜３分後にはすでにその中の討論に参加していないのに気付く。無視された自分の惨めさがどれほど哀れなものか今でもたく

さんの会合の中の自分を思い出す。たまに哀れみを感じた仲間が食べ物などを持ってきて間合いをとってくれるのが本当にうれしかった。2～3時間も続くパーティーでは日本人は寝ているなどといわれてもやむを得ないことである。私も眠くなることがしばしばあった。つまり、最近発行された「これが日本人だ！」[1]の中で指適された日本人の特徴である3Ｓ（スマイル、サイレンス、スリープ）が私にも的中していた。

　話しかけられてもただにこにこ（スマイル）してその場を和らげている程度、また質問や意見を述べようとしてもどこから話を進めてよいかよく戸惑ったものである。そしてつい沈黙（サイレンス）となってしまう。これではまるで「子供」としかいいようがない。それでもアメリカの子供たちは私を仲間（同じ子供）と思って飽きずいつも話し相手になってくれたのは非常によかった（最近40歳近くになった彼女たちの写真が送られてきたのでじっと見ていると昔を思い出す）。

　私はそれでもめげずに彼らの会話に参加しようと努めていった。日本人同士が固まっているようすを見てあまりよい光景とは思わなかったからである。そして最初に学んだのはよく相手の話を聴くことであった。会話を自ら続ける必要はなく、相手（誰でも人間は話をしたがる）の話を聴いていれば喜んで仲間に入れてもらえる。そして、恥ずかしがらずわからないところを聞き返してゆけば会話がはずんでいくものである。

　参加はできても存在感がないのもむなしいものである。

しかし、彼らのごとくきちんとした段取りで説明できることは至難のわざ、軽い質問等でいかにも彼らの中に（日本人のグループでなく）いることに満足していた。ようやく自分から話を切り出して会話を進めていけるようになったのは、大学生活1年目を過ぎたころであった。一般にアメリカの大学に入るにはトーフル（TOEFL）を受けていくのでかなり英語に自信をつけて入る。しかし、文章書きとなると別問題であることがわかった。最初は口語文を用いて文章を書いたが外国人のための文章つくりのクラスで徹底した訓練によってほぼ現地人並みにまで達成できたことは、私の生涯の中の一番大きなできごとの一つであった。このクラスを紹介すると25人クラスに教授とアシスタントが付き週2回の添削する人（英語教師を目指す大学院生）が付きそって文章つくりに専念することができる。この文章つくりの方法で論理法（説得の仕方）を学び、しかもきちんとした知識（定義、なぜそしてどうやって生じたか）を持つことができ、やっと人前で理路整然と説明できるに至った。豊富な知識をもってきちんとした説明ができればどこへ出ても恥じることはなく自信を持って立てるのはうれしい。

　経済学部で修士課程を修了し国連への夢を見ていた著者だが、ほぼ全過程を修了する間際に事故に遭遇し帰国を余儀なくされたのが残念であった。しかし、それ以来私は英語教育を自分の天職とさだめ多くの人に英語を教えてきた。そして、日本人にとって英語を学ぶ以前に言葉を通した自己表現の仕方を学ぶべきであることを知り、個人的に

は英語を通して実践してきた。その結果をここに紹介すると世界へ出てみて自己表現ができないことは、以下３つのハンディーを持つことになる：

　　ア．自尊心をなくす：「声」がなければまるで人間とみなされない。
　　イ．損をする：きちんとした主張をしなければ賛同したとみなされる。
　　ウ．仲間に入れない：利害関係の取引では関係の中にいるが、国際間での本当の仲間を作るには聴く作法と話す作法をまず自国語で学ぶべきである。

　西洋では「上手な会話の仕方」を幼年時代から習得していくが特に12歳ごろになって肉体的、精神的にも大人に近づくと社会は意識的に（教育によって）子供たちに大きな飛躍をさせていくようだ。それは自分を組織の外から見る訓練をさせいつでもその組織に飲まれることなく冷静沈着な行動と判断力そして客観的見方（哲学）を文章の書き方を通して教育している。私はかなり歳をとりすぎたにもかかわらずその論理性を学ぶことができた。そのことは大学（カリフォルニア州立大学サンホセ校）に感謝したい。今の日本では多くの人は「国際人」をめざして英語や西洋文化を吸収することに執着心を持っているが、それより先に自律した人格をつくり理路整然とした話し方を学ぶ必要がある。アジア人を見ていると片言（日本人なら誰でも知っている中学３年程度の英語）でもどうどうと人前で話している。「英会話」能力が原因で日本人は「国際人」になれ

ないという説明は「島国根性」であろう。

　今日の日本の教育環境は西洋から程遠いが、大人でも意識して対話の仕方、運び方を学ぶことはいつでもできると思う。それには西洋思考そのものを学ぶことがもっとも効率的である。

2．論理性の欠如、話し下手な日本人

　前述したごとく「声」がなければ子供に見られるのは当然である。しかし、日本人は「声」を発することができない。これでは世界では仲間に入っていけないのは当然である。言葉が単なる意志伝達の手段から前頭野に蓄えられた記憶そしてそれを順序正しく話者に伝えること（論理性）は今日の複雑極まりない社会では当然のことのように思われるがそれが行われない民族があることを忘れてはならない。日本人は西洋型生産の最先端をいく国であるがその生活行動（西洋型）と思考ではちょうちんと釣鐘に匹敵する違いがある。例えば西洋住宅で地鎮祭を行い、方角が悪ければ神主か坊主に報酬をわたして無理強いして建てる、等。このように金銭で慣習を一時的に変えることはできるものもあるが、思考そのものはたやすく変えていけるものでない。今まで封建的、家父長制度の下では従者は意見を述べ立てるなどもってのほか沈黙し従うしかなかった。それが今でもこの日本の社会に延々と続いているようである。

　会話を上手に進めていくには2つが揃わなければならな

い。1つは会話の仕方つまり技術面であり、もう1つは会話の内容のよさつまりソフト面である。

　会話を発展させる技術（ハード）面の未熟さが「子供」に見られる要因である。日本は理論よりも感情の表現を学習してくるから話し方が下手である。人前できちんとした説明、理由が述べられないことには、「大人」として西洋世界で認められるはずがない。大事なビジネスのときに感情論で説明などできない。しっかり自分の意見を述べてそれをフォローアップ（合理的な理由）できる話法が世界で望まれるのは言うまでもない。論理学など聞いたこともなく育った人はただ感情的な表現能力しか持ち合わせていない。これでは討論にならないのは当然である。しかし、最近、討論（debate）の場を設ける学校が多くなってきたことはすばらしい。討論の場をわざわざ学校がまれに設けるのでなく日常の授業の中で先生と生徒との意見のやり取りができればもっと論理の発展がみこまれる。これには40人学級では物理的に無理というものであろうか。アメリカの高校ではほとんど25人ぐらいである。大学でも「集団」講義など聞いたことがない。いつでも手を上げて質問できる雰囲気である。

　日本では、講義の最中に質問したり終わった後に討論することはほとんどないといえる。それは教授の感情を損ねて面子を潰すはめになってはと恐れるからでもある。しかし、いつまでも国の教育方針が変わるのを待っているわけにはいかない。自分で会話術を学んでいくべきではないだろうか。まずは、きちんと恐れずに自分の意見を言うこと

である。その後、誤解を生じなくするためにハッキリした理由をできるだけ簡単、明瞭に述べる。ところが日本人は理由がわからないためについためらった答えを言う。これは自分をいろいろな立場に置き換えて見る方法をとる客観的な見方を持っていないことを意味する。

　自分の意思を述べられない、笑ってごまかすなどの人種は日本人ぐらいのものであろう。我々は今まで「出る杭(くい)は打たれる」の習慣を持っていたために意見を言うのを避けてきたきらいがあるが国際舞台では相手にされない。その答えがたとえ間違いであっても聞いてもらうことで存在感をアピールできる。外国ではこういう例をよく聞く。「なぜ君は遅れたのかね」「起きるのが遅かったから」など平然と理由を述べ立てる。それをジェスチャー交じりでおもしろく表現すれば、かなり他人を味方にできる。

　西洋人の話好き、討論好きは遠く古代ギリシャの広場（アゴラ）で自由な討論が活発に行われていたところからきているのであろう。その正反対は日本の「無言」である。交易都市のアテネ等では多くの人種や習慣の違いで無言ではお互い理解できなかった。だからきちんとした説明、主張が必要であったに違いない。そして、会話ができない人たちをボラボラ（バーバリアン、野蛮人）といって人間とみなしていない。多くの奴隷はこのグループに入ったが、しかし会話のできる負債奴隷は例外であった。この人たちはいかに奴隷にされるのを避けるか必死になって会話術を磨いたに違いない。

　会話術は論理的な思考をもって、ひとまず落ち着いて今

日に至っている。この思考法は第3章にゆずっていきたい。ハード面では西洋人の会話と討論の仕方は東洋人にはとても追いつけるものでないが、それも訓練（教育）次第ではかなり彼らに迫っていくことができる。なぜなら、同じ人間でありだれもがしっかりした言葉を発することができるから。

　「大人」とみなされない一番の理由である「声」のない（どう話したらよいかわからない）我々日本人はいつまでも島国の中で甘んじてはいられない。ソフト面ではなぜ「子供」に見られるかを少し考察してゆきたい。その理由は我々の普段の生活態度からくるものである。話題とする知識を持っていないこと。特に自分の国の歴史や文化を知らな過ぎる。それから、趣味が少ないことも挙げられる。

　日本人の勉強はそのほとんどが丸暗記式なので「受験」が済んだらすぐ忘れてしまう。まったく上面だけなので深みがない。出来事が何かをはっきり定義し、それがなぜ、どうして起きたかを自分で説いていこうとしない。受験が幅広い知識を求めるので一つ一つのことを深めていく時間と余裕がない。また、一人では限界があるので西洋では他人に聞くことができるが日本にはその習慣がない。私がアメリカに住んでいるときほんの些細なこと（例えば、車の名前など）を聞いてもその名前の由来や起源など喜んで話す。それはその人が全部の知識を持っているのでなく、いろいろなところから情報を取り寄せているからだ。いちいち電話して聞くことや辞書はもちろん百科事典などを利用することは彼らの日常生活の中にしみこんでいる。日本で

は辞書などは一家に1冊ぐらいであるが、アメリカでは同じような辞書を数冊持っていて、すぐ使えるように便利なところに配置してある。車の中に入れてある人も見かける。日本の一般家庭では百科事典はそれほど使われず、装飾品のような役目であるが、彼らが使う頻度はすごい。このような好奇心旺盛な文化を背負った人たちは話題が豊富な上に、新しい発見を見出すことは東洋人よりはるかに可能性が高いことは言うまでもない。

　日本では緊急のこと以外はそれほど骨折って調べる習慣がない。手元に辞書など置いてないためについおっくうになりがちとなる。誰かに質問するにも恥の文化が漂っている。これでは自発的に情報を得て独自の判断をもつことなどできない。日本人が限られた情報源（ほとんどがワイドショーなどのテレビから）に頼り続けていては一律に同じ考えを持つことになる。しかも、そのような情報では会話の中で理論立てることなどできようがない。

　日本人の話題の乏しさは趣味のなさにもよる。日本の労働者（聞こえが悪いのでサラリーマンと呼んでいるが、何かと都合の悪い言葉は英語呼びにすることが多い）は、生きる（生活を楽しむ）ために働くのか働くために生きているのかと揶揄（やゆ）されるほど生きがいを持たず、ただ黙々と生活しているようである。休日は多くの労働者は一週間の疲れを癒すために過激な行動を避けテレビのスポーツ観戦やパチンコなどの娯楽で満足している。このような消極的な生活では仕事以外の情報など得られない。会話をうまく楽しく弾ませるには実感がこもっていたほうが聞き手をひき

つける。テレビで見た野球の評論より本人が実際に野球をやって豊富な経験を基にした野球論を語ったほうがかなり楽しい会話になるに違いない。

　また日本人は一つの趣味に凝り固まっている人も多い。これではいろいろな人たちと会話をするのがむずかしい。他人の会話に参加するにはいくつかの趣味を持っていたほうがよい。それによって相手への理解度が高まる。同じような趣味で楽しい会話が続けば人前で居眠りするなど無礼な態度をとることはなくなる。このように、話し方が下手でしかも話す話題にも欠けると誰も相手にしてくれないことは当然である。さらに、日本人に目立つ大人気ない態度は、未成熟な聞き方であろう。

３．聞く耳を持たない人たち

　会話（意思伝達）ができても会話を続けるには技術が必要であることをアメリカの滞在で知ったが、今度は帰国してから日本人は聴くこともまったくできていないのを知ってもっと驚いている。会話を続けることができないのは相手をあまり傷つけたりせず蚊帳（かや）の外に置かれる程度で済むが、聴くことが下手だと相手に対して失礼きわまりない。他人の話を聴かずに交渉をするなど論外であり、子供扱いされるのは当然である。

　私は会話の世界では西洋式のほうが慣れていて日本語でもつい結論を先に言ってしまうことがある。そうするとどうであろうか、大概の日本人は「はい、いいえ」によって

顔を豹変する。そして、その理由をきかないで次の話題に入ろうとする。「もっと話させくれ」と言っても、聴く耳を持っていない。どんなことでも日本人の性急さは有名であるがここにもその特徴が表れている。じっくり相手の話すことを聴けないのは「大人」になっていないとみなされても仕方がないであろう。聴くことが下手な理由は2つ挙げることができる。一つは幼年期からの躾によるもの、そして学校教育の中でも「聴く耳」を育てない日本の社会に原因がある。

　西洋社会では子供は幼年期からあふれんばかりの対話の中で生活している。特に食事のときはほとんど家族一緒であるから会話がほとばしっている。かといって、しゃべりながら食べるといつも注意をうけるが。私は何度も食べながら話をして注意をうけたことがある。「もっとゆっくり話していいよ」と。日本では当時あまり肉の塊など食べたことがなく噛み砕くのにかなりの時間がかかったこともその原因であった。彼ら（アメリカ人）は幼年期に会話の術を教えるよりもいかに「聴く耳」を養うかに力を注いでいるのがわかる。きちんと人の話を聴かないと父から「暴力」さえ受けることがある。この厳しさが大人になったときの彼らの人間関係の運び方に非常に大きく影響を与えるのではなかろうか。日本では一家が集まっての食事などだんだん少なくなってきている。しかも、テレビを見ながらの食事では会話など弾みようがない。

　話をよく聴けるということは相手を理解する前提となるがもし日本でこの躾が見逃されてくると社会のひずみが広

がるのは当然である。我慢して相手の言っていることをよく聴く、この単調ではあるが人間としての基本を身に付けていない大人が多い。だから、自分自身が「話を聴いてくれない」といって独りよがりの「自己中」に陥る。今日のニート（家の引きこもり）の増加はこのことが大きな原因といえる。人間は脳が育ちきる５歳ごろまでに会話（聴くことと話すこと）の術をごく自然（本能のように）のごとく習得するが仮に日本の子供がこのような状態からはずれていたら大きな問題である。

　学校教育でも日本では「聴く耳」を育てる環境とはいいがたい。我々は今西洋文明の真只中にいて物理的には西洋人たちと遜色なく（むしろ彼らよりも物は持っていることがある）生活しているが日本人の精神面はまだ封建的であるし、そのよい例が明治以来変わらない学校教育であろう。「教える」という権威的な立場が薄れてきた教師とはいえ、いまでもその一方的な教え方は敗戦以来の「新教育」になっても変わっていない。いつでも教える方と教わる方の交流がきちんとできてこそ教育が成立するのであるが日本の教育方針は知識を詰め込むことそして儒教的な道徳観を教え込むことに専念している。

　日本人は話し方が下手なだけでなく、聴き方もまったく未開人と言える。よく国会議員などが居眠りしている映像が数年前は話題になった。しかし、最近はなんとか居眠りをかわそうと努力している議員が見える、それでもある議員が論説しているときに書類に目を通し続けていては失礼極まりない。聴く耳を持たないのはなにも目をつぶってい

る場合とは限らず結果が先にわかると理由はともあれ顔を一変させ感情を表すのが日本人の特徴でもある。そのために結論をなるべく引き延ばし無意味な理由を延々と述べ立てる論者もいる。しかも、結論を言わないことがしばしばあるから、日本の討論は実りのないものになる。もう一度アメリカを例にとってみよう。

　西洋社会（アメリカ）では親子の会話は家族の生活の重要な部分であり毎日あふれんばかりの質問が飛び交うのが食事時である。特に父親はきちんとした会話ができる子供に育てようとしているのが見える。例えば、父親は子供に三種類の質問を浴びせかけるのが常である。１．子供がそれをきちんと知っているかどうか　２．親が本当に知らないで子供に聞く場合　３．子供が忘れていないことを知るためのパラドックス（逆説）などの質問である。当然、そこには議論や上手な説明（論理）が要求され、また訓練もされていく。そして、親にも知らないことはたくさんあるからと子供は自分の親を「無知」とは見下げたりせず、会話を通して親子の信頼が深まっていくのである。

　翻って日本の家庭はどうであろうか。父親との会話は１週間を通してほとんどないと聞いている（先進国の中では１週間で15分程度と最下位にランクされている記事を最近見たことがある）。これでは、家庭の中で聴く耳を育てようにも無理なことは当然である。日本でも一世代前までは封建的な家庭が残っていて、父親の話（一方的であるが）を聞かせる習慣と時間があった。ところが、ものが溢れる西洋風社会になると父親は子育ての役目より単なる生活の

手段にすぎなくなった。最近は年少からの受験で知識だけを詰め込む教育が重視され塾通いで家庭の会話がますます少なくなっている。幼少年時から知識を詰め込むことは愚の骨頂である。教育ビジネス（学習塾、予備校等）に載せられて人間性を失った教育を受けさせている。もっと西洋のようにゆったりと子供たちを育てる余裕を持ちたいものである。

第2節　「甘え」、負の文化

　東洋人は小柄なせいか一般的にいって容貌が白人や黒人よりも幼く見えるのは仕方のないことである。しかし、しぐさや顔の表情まであまりにも幼稚に見えるのは日本人の特徴といえる。これはその背景にある文化や教育の違いからきている。外国人から見た日本人の特徴はすぐに馴れ馴れしい態度をとることや、あいまいな返事を繰り返すことであろう。これらは、日本人の「甘え」の文化に基づいているように見える。

　外国人に不思議な人たちとして見られるだけならよいが、この封建的な「甘え」のしぐさが今日大きな社会問題を引き起こしているのを見ると、そろそろ日本もこの「甘え」から脱していく時期がきたようにみえる。

1.「甘え」の一般性

「甘え」という用語は土居健郎氏の『「甘え」の構造』[2]

に触発されて使用している。土居氏の日本人の精神構造の分析はかなり的をついていると思われる。しかし、私の認識は二つの点で氏の見方とは正反対である。そしてこの正反対な意見こそが日本人をして未熟な精神そのものを表現し世界で例を見ない「島国根性」の思想を反映するものと言える。「甘え」るというしぐさだけをとるなら、他の書物[3]にも述べているようになにもヒトだけに限ったものでなく哺乳類の子が母親に甘えるのを見るとほとんど同じに見えてくる。ただし、ヒトは言葉を使用するので甘える言葉を発することで母親に限らず身近のヒトとも無意識のうちにその幼児語を用いてある年齢にまで成長していく。したがって、土居氏の言う"「甘え」は日本人独特のしぐさ"は間違いであろう。もう一つは、"今日の日本人は「甘え」ることができなくなってきている"と言っているが、氏はそれによって社会構造に問題が生じてきているからで昔のような家父長的、封建的な師弟関係に戻すべきと主唱している。だが、それでは時代を逆戻りさせるものである。反対に私が強調したいのは日本人の「甘え」をある年齢からきちんと切断し「大人」としての自覚、自律を持つ人間に育てることである。古代から綿々と続いてきた村落的、家父長的な共同体という紐帯から一個人を解放し、独立し、責任感のある社会的人間を育て上げなければこの複雑で契約を基本とする社会の中では生きてゆけない。それでは、この「甘え」のある「子供」から「大人」へ引き上げるにはどうすべきか。これに対する答はあまり目にしたことがないので私なりの目で考察してみたい。

2．子供から「大人」へ

　私は半年前にある人類学学会のシンポジウムに参加したことがある。その後のレセプションでイタリアからきた大学院生としばらく日本人論を語っていたが、そのとき彼女が強調したのは、「私は日本人と15年も付き合っているが、まだわからないことが多い」ということであった。「ふしぎな日本人」はどこへいっても耳にすることばである。それもそのはず、いつもにこにこしていて、ものごとをはっきり言わず、相手が話しているうちから眠りだすような人種は世界の中でそう簡単に見つかるものではない。そして、この風変わりな人種が世界でもあっと驚く経済大国No.2にわずか20年足らずでのし上がった「実力」をもっているなどとだれが想像できようか。話を元へ戻し日本人の精神（性格）について固執してみよう。初対面のときは日本人は先ほどの態度をとるが、ちょっと知り合いになると一変して馴れ馴れしい態度に豹変する。そして態度が傲慢さを増すときがある（相手の人種にもよるが）。「大人」としての節制が欠けるのは子供がそのまま大人になってしまったことによるものである。体が大人になっても精神はまだ子供のままでいるのが日本人に特別多くいるようである。

　日本では伝統的に乳飲み子から12歳くらいまで集落の中で誰隔てなく育てられてきた。他人の子供でも平気でしかり、たまには拳骨をくれてやることもある。このようにし

て緻密な共同体は肩を寄せ合いながら数千年も生きてきた。その中ではどの年寄りも「おばあちゃん、おじいちゃん」と呼び家族的な雰囲気を持っていた。そして、ある時期になると「元服」のような儀式を行って大人への仲間入りをし、やがて家系を引き継ぎ、また次の世代へつなげていった。しかし、今日ではこのような共同体は日本のどこを探しても見当たらないであろう。すでに西洋型の社会になり巨大な労働集約生産の中にいながら個人的にはまったく赤の他人同然として日々の生活を送っているのが現実である。核家族となって隣人との付き合いはほとんどなく、たとえあっても年に数回の町内会での集会や子供の行事での付き合い程度になっているのが今の日本の社会である。もはや子供が大人へなるために社会は何も手伝うことがなくなったようだ。

　それでは核家族は子供を「大人」にきちんと育てているだろうか。今日の親子関係の実態を見ると"はい"とはいえない。家族（両親）は自分の子供の肉体的な成長を見て大人となったと思い込んでいるが、精神的な「大人」の成長を親はなかなか見ることは難しいと思われる。なぜなら親子の人間関係は生涯変わらないからである。また、学校でも明治維新からほとんど変わることのない教育方針では「大人」を育てるところとはいいがたい。つまり、日本は工業文明を迎えて自ら社会を一変させたが、社会的な人間を育てる場所や組織、術をどこかに追いやってきたようだ。

　では、一足先に工業文明を達成してきた西洋社会ではど

うやって子供を「大人」に育てているのだろうか。彼らは人間の成長を２つに分けてとらえているように見える。

3．2つの人間関係：「甘え」のある関係、「契約」で成立する関係

　土居氏はその著書の中で「甘え」や義理人情は日本独特のものと考えているようだ。故人に対して失礼であるがこの考え方はまったく世間知らずの島国根性そのものと言える。氏はアメリカで生活もし、多くの西洋の友人を持っていたのにこのような考えを持っていたとは非常に驚くべきことである。氏の見方からすると西洋人は動物本来の「甘え」など持っておらず、しかも義理人情に欠ける冷酷、合理的な生活しかできないかのような印象をうける。私が見た西洋人は、「甘え」や義理人情はごく親しい間柄（家族や少数の真の友人）の中だけに発生するものである。そして、他の人間関係はすべて契約を通した関係といえる。社会の中で「甘え」などさらけ出したのではまさに幼稚な子供にすぎない。

　日本は個人と組織人とを混合させる未開な社会といえる。日本人は義理人情などの個人的な人間関係を組織対個人のような関係で利用することがしばしばある。プロスポーツ選手の交渉などはその典型的な例といえる。プロ野球でいうならば監督は組織の一員と個人的な面とを持ち出して選手獲得に乗り出している。交渉の成立前に監督自らその選手を訪ねたり、電話したりで義理人情を持ち出している。このような光景はアメリカでは聞いたことがない。日

本は意識的に、それとも無意識でやっているのか、組織と個人が入り乱れていろいろな交渉や商売を履行させている。だから根回しという言葉がついてくるのであろう。お願いするときには個人の情を持ち出して、断るときには組織としてきっぱりと切り捨てるのが日本の社会である。西洋のようにもっとフェアな交渉にこれからしていくべきである。

　私は義理人情を持った人間関係をアメリカで築き上げ、37年あまりたった今でも多くの人たちと交際が続いている。特に感動的なのは2年前になくなったMr. Elwood Gerrits氏は私と妻に生前に遺書を残し、その中で1万ドルのギフトを残してくれた。彼の親しい10人ほどの友人の一人に我々の名前を入れていただき、とても感激した。この種の友情は日本のような尾ひれ（義理）の付いたものでないことは確かである。

　だが、契約的な人間関係では、西洋社会は日本人がびっくりするほどの冷酷、無慈悲であろう。特にビジネス界ではまったくヒトの皮をかぶったモンスターというべきものである。しかし、それに慣れればある意味では楽しく過ごしていける。一歩社会に出たら誰もが社会人であり、法律で守られすべて契約を通して生活していく。物を買う場合はその価格を前提に金銭のやり取りをするが交渉次第では値段を下げることができる。このような人間の交流を私は契約的人間関係と言いたい。

　もし日本がこの2つの関係を分別できればたとえ言葉の論理が未熟であっても世界の「大人」の仲間入りを果たせ

る。そして、契約的人間関係がきちんとしていけば「振り込め詐欺等」のような事件は消滅していくと思われる。先ほどのスポーツ選手の契約ではきちんと代理人をたてて交渉に臨むことができる。日本だけがこのような封建的な義理人情を用いた人間関係を維持していたのではますます世界に乗り遅れていくだろう。今の日本はこの端境期にきている。

4．慣用的思考「してもらう」「してやる」、主従関係

　日本人の日常の言葉に頻繁に出てくるのは「年金をもらう」または「もらえる」等であるが、これは日本人の封建的な考えを非常によく表している。封建時代は領主と農奴との関係でこれらの言葉が使われてきたが今でも行政の面ではそれが主従の関係となっている。仮に市役所の窓口に行ってみるとわかる。職員は何のこだわりもなく「保険証がもらえる」「住民票がもらえる」と言っているのを耳にする。最近市民が動いて言葉の使い方を直すようになったところもあるが、まだ「受け取れます」という市職員が当然の主張の言葉を使わない会話が多い。このような末端の官僚でも一度そこへ入ると態度が一変し官僚的な高飛車な「やってやる」の思考になっている。テレビなどの中でも景品や賞品などが「もらえる」という語を頻繁に使うが、それは受け取る側に義理を持たせる無意識の強制観念である。これによって「あげる」側の態度は当然主の側に立っていることがわかる。日本人はいつまでも「してもらう」

など受身の立場で満足しているのだろうか。まずきちんと言葉を改めてみる必要がある。これ一つとっても民主主義の道は程遠いことがわかる。

　私の知る限り西洋では公共から受け取る場合を「もらえる」と称しまた企業等で恩着せがましく義理をもたせた「もらえる」などとする言葉を聞いたことがない。彼らが聞けば怒り狂うこと確実である。国家の運営は市民の税金で成立しているのに「してもらう」などとは夢にも思っていない。彼らは日本人が今でも持ち続けている無知で幼稚な「封建的主従」関係は数百年も前に捨て去ってきたはずである。

　日本人の「甘え」はこのような「してもらう」の主従関係で表現できる。明治以来、商人資本の代理人を務める官僚国家はこのような言葉を用いることでまだ国民を指導できると思い込んでいる。しかし、いつまでも続くことはないであろう。

第2章　なぜ「12歳程度の子供」という侮蔑に平然としていられるのか

　マッカーサー元帥が発したこの「12歳程度の子供」の言葉は65年以上前のものであるが、日本人の精神はほとんど変わっていないように見える。終戦間際の「みんな」の行動は今でも日常生活の中で見ることができる（有名になった北野たけし氏の「みんなで渡ればこわくない」）。先日も豪雨で3人が閉じ込められたとき「死ぬときは3人が一緒だ」と新聞に載っていたが、一人でも多く生き延びるといった西洋の思考とはかなりの差がある。前章では世界で「声」を発しない日本人について書いたが、この章では我々の精神構造は間違っていないと「思い込んでいる」前提は何かを検討していきたい。

第1節　封建的思考を持ち続けて

　日本人の精神を変えない最大の理由は、1．経済の発展の基礎となった思想「和魂洋才」は今でも良いと思っている。2．日本人の封建的な精神は商人資本にとって脈々と今日まで続いている、の2つである。

1.「世界第 2 位の経済大国」の終焉

　日本はすでに世界第 2 位の経済大国から落ちてきている。1 人当たりの所得ではかなりの差があるものの、中国は今年（2010年）ついに GNP で日本を抜いてアメリカに次ぐ経済大国へとのし上がるようである。中国はかつて日本に多くのことを学んだが今はすべての面で欧米に傾いている。日本との付き合いはすでに対等かそれ以上（日本が中国の市場を求めている）の地位に立っているといっても過言ではない。隣国の韓国においてもすでに日本から学ぶことなどほとんどなくれっきとした競争国となってきている。むしろ日本経済の基盤となった重工業等はすでに日本を凌いでいるようだ。他のアジア諸国でも以前は一方で経済復興援助等によって義理をつくり他方で日本の企業は我がもの顔に振る舞っている時代があったが今ではこれらの国々自体に力がつくと同時に、中国、韓国の経済的な支援等で日本の存在感はますます薄れていくようである。日本経済の繁栄の秘密を知った後だれもそれに学ぼうとしないのは日本が標榜する「和魂洋才」の思想がすでに廃れたものとみなすべきなのであろう。だがそれを捨てきれないところに日本経済の低迷が横たわっているようだ。

　日本人がいつまでも過去の夢を持ち続ける理由はその経済の繁栄の裏に数百年間も続いてきた商人資本という制度がこの世界のトップクラスの国に大きな力を持っているからである。この制度によって今でも封建的な社会構造が多

くの面で引き継がれている。つまり、日本は生産面や生活上は西洋型にそっくりとなったが精神面では戦前、それから遡って江戸期の思考が我々の行動を制約しているのではないだろうか。これから、一般には語られていない「商人資本」について若干説明し次に家父長的な精神構造を分析していきたい。

　日本の経済構造は西洋並みの重工業や巨大な精密機械、運搬車両そして世界のトップレベルの情報産業といった資本主義国でもまれにみる規模を誇る国であることはいうまでもない。これは誰もが認めるところである。だが見過ごしているのは先進国では唯一日本だけが巨大な総合商社を持っている点である。世界に君臨する7社だけの年間の売上高は約61兆円[2]にも達し、三菱商事一社の売り上げ（17兆円）だけでも韓国並みの国家予算に匹敵するほどである。これだけの規模が世界で稼動していることは内外の経済にどれだけ影響を与えているか計り知れない。彼らの生産活動は当然流通や情報を含めたあらゆる産業に関わっている。その性格はあくまで商人精神であるために生産面ではかなりその特徴を表している。生産面に投資しても数年後にある程度か最大限の利潤を得たならすぐ引き払っていく。その後草一本も生えないとは彼らの商売根性をつぶさに表現していると思う。だが、バブル崩壊以降その性格が財閥系の縦から合理的な横の連携に変わってきている。

2.「商人資本」の歴史を振り返って

　振り返ればこの総合商社はかつて千年もの歴史をもつ問屋制度が起源である。情報をたよりに安く買った商品を高く売るために誰にでも聞く（問う）という語源が本当かもしれない[3]。この手の商人は社会（政治）の変動（明治維新の岩崎弥太郎のごとく）で利益を最大にすることを学んでいった。むしろ近年においては商人が儲けるために変動を起こしたというべきであろう。いくつかこれに言及するならば鎌倉幕府が関東に成立すると商業が益々発展していった。工芸品（武器製造）の京都、その出入り口である大坂（現大阪）、そして行政都市（消費地）鎌倉の三角交易が原因である。

　本来の武士が商人のまねをしても、所詮それは一抹の夢に終わってしまう。しかし、室町幕府は自分の領土をほとんど持っていなかったので京都で高利貸し等を中国から持ち込んだ宋銭を独占して始めたが物資の多寡よりも多量に出回る銭はその価値がなくなり、ついに幕府は生活できなくなる。織田信長は商人の偉大さに気付いた最初の武将だったかもしれない。他の戦国大名は軍資金を土の中から掘り出した（武田氏や毛利氏の金山や銀山の所有）が、信長は地の利が悪かった。その代わり京と関東を結ぶ街道沿い（名古屋周辺はちょうど中間点）に市を開き、その寺銭等をまきあげる（楽市、楽座の設定）ことで軍資金としたが、近代武具（鉄砲と綿織物）は高価なゆえにまだ足り

ず、ついに米の徴収制度を変えていった。貫高ではかさばって流通には不便であるために、米を直接商品化するには米粒だけを税とする制度に迫られた。貫高から石高へ変えたのは彼の天才といえる。読売新聞（2006年9月15日）によると、信長の朱印状には「15貫文…」（1567年）と書いてあったのが、1576年には「130石…」という表記に変わっている。これによって土中からの軍資金には限界があるが米を金に換える制度ではいくらでも入ってきた。この後、彼は兵糧攻めの戦法を発明し常備軍（賃金による傭兵）によって農繁期の戦に応ずることができた。

　信長の才能は政治的（戦闘）手腕よりむしろ商売の才能を買うべきであろう。彼によって今までのん気に戦ってきた（農繁期はお互いに忙しいから戦闘をやめてまた農閑期になって戦う）武士たちはもはや365日休む暇なく戦闘状態に置かれることになった。それというのも兵士たちはすでに雇われ兵であり、農業に携わることなく戦闘に専念できたからである。これを支えたのは商人の物資の流通であろう。生活物資がすでに商品化してお金で買えるとしたら兵士は給料で生活できることになる。米を流通の価値基準とすることで特に畿内地方では武将の裏に強力な商人の後押しが必要であった。石高制度は米の商品化には必要であったことを強調したい。一石（約4俵）が兵士一年間を賄うとしたらその石高によって軍の規模がわかるはずである。占領品の土地の分配も石高によって配布すればはっきりした主従関係もできる。このような革命的な思考が信長にあったことは驚くべきことだ。一般的な歴史の見方では

秀吉が天下統一で刀狩や石高制を制定したとなっているが、これは信長の功績である[4]。

　豊臣、徳川時代がすでに商人を無視した政治でなかったことは周知のごとくと思われるので詳しい説明は必要ないが、我々が歴史を考察する上で哲学（西洋的思考）を用いるとかなり鮮明に因果関係を把握できるので、ここで実践してみよう。「商人資本」を歴史の弁証法で見てゆきたい。家康は堺商人をうまく取りまとめることで関が原の戦を乗り越えた。さらに大坂の陣でも堺商人の活躍は甚大だったに違いない。その身返りとして彼らは幕府の御用商人となっていった。何よりも石高制度の基本をなす米の流通を一手に引き受けたことは最大の功績である。大坂に米市場を設立し全国から集めた米を京都と江戸に供することで彼らが膨大な利益を上げていったことはいうまでもない。彼らをひとまず都市商人と呼ぼう。江戸幕府の主要政策は地方大名が豊かになって幕府に盾突かないようにすることであった。地方大名は江戸で暮らすことで散財、消費し、地元の藩の財政は豊かにならず、流通をになう御用商人が豊かになるだけであった。もちろん幕府は政権を維持さえできれば商売に関知する必要はない。

　あふれんばかりの商人の利益はどこへいくのか。まれに贅沢三昧に振る舞った淀屋のごとき人物が現れるが、賢い商人（後の三井や鴻池等）はしっかり資本を蓄えていった。一方、地方藩の財政を担当する商人は何とか均衡を維持しようとするが、殿様（江戸在住）の消費に追いつかず、いつも窮乏していた。この地方商人は米を生産しそれ

を換金して江戸へ送るのを止めそれに代わる農産物の商品化を目指すようになる。特産物化によって利益をあげる、また地方の独占（藩の関税）で他からの商品をせき止めることは全国の流通で儲けている巨大商人にとって痛手となってくることはいうまでもない。明治維新まで御用商人と藩商人との戦いは続いた。

　幕府財政と藩の財政が窮乏する最中御用商人の繁栄が増していくのが18世紀の日本であった。100万人に達した人口を抱える消費地江戸はすでに御用商人の同意なくして政治がうまく運営できないほどであった。やがて日本列島は２つに分裂するようになる。東国では御用商人の資本（これを商人資本と呼ぶ）は流通から離れ生産過程の中に入っていく。米（財政収入の根幹）の増産のために新田開墾しようにもこの巨大プロジェクトを完成させ生産者（農民）が落ち着くまでの膨大な費用はもちろん幕府や藩にはなくすべて商人によることになる。やがて商人が土地を私有するという前代見聞の改革は武士階級が商人の御用を務めることを意味する。かつて千年も前に公家の御用を務めていた武士が本家を凌いで大将軍となったときと正反対である。

　他方、一部西国の諸藩は独自の商品の開発や鎖国（幕府独占貿易）を破って他国との交易でかなり資本を蓄えるようになり財政の窮乏を解消していった。また地方の藩は経済力をつけ、幕府よりも江戸の御用商人に対して挑戦していくようになる。幕府の御用商人は西国市場で力をつけた藩の御用商人（藩の役人を兼ねて）としばしば衝突を起こ

すようになる。江戸における殿様の生活費は江戸商人の借金に負うために、在藩商人は金目になる商品作物に専念しそれを都市（江戸、京都、大坂）で売りさばいて少しでも借金を減らそうとする。都会の商人は地方へ入っていくのは難しい。各藩は関を設けて他の藩からの商品の流入を厳しく取り締まった。18世紀の江戸幕府はすでに権力をもって統治するというより御用商人の意向にそって表を着飾るといった状態というべきであった。なぜなら、商人はどこの歴史を見ても政治の舞台には出てこないのが一般的である。そして幕府の政治の機能が果たせなくなる19世紀に入ると、今まで静かにしていた地方（西国）の諸藩は自分の財政を背景に活発な活動をするようになった。

　幕府膝元の東国では経済の落ち込みが自然災害と重なって商人たちにもその影響は大きかったに違いない。天保の危機（改革）は幕府を救うよりも見放すものとなる。このようなときに「黒船」が浦賀に現れては幕府が恐れおののくのは当然であった。だが、西国では長崎の交易を通して黒船を見慣れていたのではなかろうか。薩摩、長州、佐賀そして長崎ではすでに密貿易はかなり公に行われていたようである。彼らは幕府の政策（貿易独占、鎖国ともいう）を打ち砕いて独自に海外へ出て行くことを目指していた[5]。

3．幕末期のできごと、どちらに立って歴史を見るか

　「黒船症候群」とは今日の歴史家がよく使う言葉である。

幕末期（アメリカの外交使節団が初めて黒船で日本を訪問した1853年ごろから明治維新、1870年ごろまで）において歴史に現れてくる内外の主要な人物はそれぞれの立場をしっかりわきまえて行動していた。彼らは今日の政治家などのようにマスコミを気にしながら一時的な政策に右往左往するようなことはなかった。例をとると、巨大な黒船で驚いた幕府でさえアメリカとの交渉では膨大な時間を使っている。その間アメリカのハリス特別外交官は下田のへき地を与えられ、条約の制定で江戸に登らなければならなかった[6]。そして最後に両国が得たものは「日米修好通商条約」である。しかし、今この条約はいつのまにか世間では黒船によって「友好」ではなく強制された条約と見られている。だが当時幕府の役人は内外の政治事情をしっかり踏まえながら外交政策をとっていることは約6年あまりかけたその条約の履行からもわかる。日本は領土を侵害されていない、居留地を横浜において日本の商人と外国の商人とがそこで取引をした。外国人は日本の問屋制に大分こずったようである。それにアメリカも捕鯨漁程度の外交でまだアメリカ国内（西部開拓時代）が先決で海外覇権などの政策ではなかった。

　西欧の歴史を見ると1850年代以降イギリスの自由貿易が最高度に達し、その後を追ってフランス、ドイツ（プロイセン）が世界覇権へ名乗りを上げる時代であった。当然これらの国は植民地探しに躍起になっていたが、日本への関心はあまり無かった。西洋の強国（アメリカは開発途上）は日本を軽んじていて真剣に外交を行おうとは考えていな

かった。彼らはインド、東南アジア、中国の巨大な資源（茶、綿、香料等）に関心を持ち工業製品の市場を開拓していたが、アジアの片隅にある日本など相手にする余裕がなかった。だが、日本の商人は彼らの工業製品と製造にかなり興味があったことは事実であろう。日本は政治が不安定であったが商人資本は未曾有の額（三井は明治国家にぼう大な資金を提供している）に達しており、閉鎖的な国内の市場のせいで海外へ向かうことを余儀なくされた。閉鎖市場の象徴の一つ、藩の関税は廃藩置県によって取り払われた、だがもう一つの問屋制度は今でも多少残っており（書籍の流通など）、流通革命は1970年代まで続いた。つまり、日本の歴史家が見ている列強の「外圧」よりも日本の商人は積極的に海外との取引を望んでいた。このように見ると日本の政治変動（維新）は外国からの圧力でなく、自由貿易を望む商人たちが自分の都合のよい政府の樹立を目指す目的で幕府の「鎖国令」を取り除こうとしたのであった。

4．商人資本の独り立ち

　王政復古の影に階級としての商人資本、地方と都市商人との合体があり国民は取り残されていた。
　西洋では資本主義発展の経済法則を踏みながら時間をかけて工業文明を築き上げてきたが、日本は性急で、いくつものステップを飛び越えてきたようである。世界ではふつう産業（工業）革命を達成させるに膨大な資本が必要だが

その基になったのが商業資本であった。交易が世界規模に達すると巨大な商業資本はしだいに機械工業での生産に資本をつぎ込むようになっていく。資本家にとって同じ利益が上がれば、海外交易のように時間がかかり保証のない投資よりも身近の生産過程（工業）に資本をつぎ込んだほうが得策となる。商人は流通が役目であるため企業家（後の産業資本家）へ資金を貸していくのがふつうだが、日本では商人がそのまま産業資本家の役目を担って産業革命を遂行した。これは日本の近代史の特徴といえる。商人資本（商業資本）が直接工業を立ち上げていった日本ではいくつかの矛盾が出てくる。

　私が商業資本でなく特別に商人資本と呼ぶのは江戸中期から御用商人たちは膨大な利益を土地に投資し、彼らの開拓地が私有地となったからである。このために商人自身が投資したからこのように呼ぶ。日本人はよく「土地」にこだわりをもつ慣習がある。土地がものを生むと思い込んでいる。実際は土地ころがしであったが、1980年代の土地ブームはその思考が根底にあった。これは江戸時代からの商人魂を引き継いでいるからである。

　この商人たち（財閥系）は藩関税を撤廃したが自らの問屋制度は残したままであった。この狭隘な市場に商人からの資本の導入によって稼動し始めた工業は膨大な製品（商品）を生み出した。当然、購買力のない国内では製品を捌ききれず当初から海外への市場を開拓しなければならない。工業資本の利潤は労働者がまた消費者となって生まれるものであるが日本では巨大な商人資本が西洋から機械技

術を導入して工業化を進めたために大多数の国民はほとんど自給自足経済で生活していて工業製品の購買力は乏しい限りであった。江戸時代に武士階級を利用し膨大な利益をむさぼった商人は、欧米からの植民地化（直接投資）は避けられたが自らの国内市場の開拓はできなかった。そうして太平洋戦争で敗戦しても所得倍増政策で国内市場が一変しても、さらに1970年代の消費革命がきても、この商人資本は「総合商社」のような形で世界に君臨している。これが日本人の精神構造を封建主義にとどめておく基である。日本特有の「商人資本」が世界経済の中で今でも生き残れているのは封建時代の精神（宗教文化等）が日本人の心の支えとなっているためで外国から見たら「精神年齢の低さ」と捉えられるものである。

　信長によって日本の歴史に出てくる商人（特に堺）はその300年後には幕府を転覆させついに天皇を擁立して政権を取るにいたる。膨大な資本を持つ商人は世間にいわれるほど列強を恐れることなく西洋から工業品を仕入れ、農業経済から工業経済へ飛躍することになった。日本が外国資本を受け入れずに近代化を進めることができたのも、潜在的な資本が蓄積されていたためである。明治維新を「外圧」から守るための政治改革であるなどとするゆがんだ歴史の見方は哲学的な見方ができない幼稚でステレオタイプを繰り返す歴史家に多い。日本を近代化（工業経済社会）へ導いた商人資本はその性格が封建制度を持つために今でも社会の底辺に残っている。日本（日本人でなく）が外交問題や自国に都合の悪い問題に直面した場合にすぐ持ち出

すのが「外圧」、「黒船症候群」論であることは以上のことから証明できる。国家は日本人に被害妄想を植えつけることで問題をそらそうとしている。だが、これからおし寄せてくる大陸からの「黒船」はそのような甘いものでない。

第2節　西洋型思考の実体験

　日本人はすでに西洋の文明の器具をふんだんに身の回りに置き、不自由なくそれらを使いこなしているから西洋人と同じ生活をしていると思い込んでいるようだ。機能的な衣服、住宅施設、自家用車と利便性の高い交通手段、そしてもちろん携帯電話等の情報手段等はすべて西洋から来たものだが、ほとんど自然の形で使用しているのを見ると別に日本人の思考を変えていかなくてもこれといった問題は生じないと思われる。しかし、それはまったく違う。これらの使い方は西洋的な思考に基づいているので西洋思考を用いた方が支障なく使いこなすことができる。日本的な思考方法で西洋文明の利器を使うと精神的な苦痛（ストレス）や社会問題を引き起こすことが非常に多いが日本人はそれに気付こうとしていない。だから日本人の精神構造は封建制度の時代とほとんど変わっていないし、変わろうとする意思のないことで「12歳」に見られようとも、まったく意に介さないでいられるのである。

　ここでは、最初に私のアメリカの生活体験を基に西洋人がどう西洋文明の利器を彼らの思考をもって使いこなしているか、この文明を支えてきた西洋思考や科学の目が日常

の生活の中で誰もが持っていること、そして工業文明の基本とする「創造性」は彼らの生活の中で生み出されていることを紹介したい。日本人の生活——ただ「生きている」と呼べそうな単調な生活——の中ではとても創造力など生まれるはずがないことを強調したい

1．民主主義の原点を見る

　アメリカの歴史はわずか200年たらず（アメリカ原住民を除いて）で独自の慣習はそれほど持っていない。他国からの移民はもちろん彼らの風習を持ってくるが次第にアメリカ社会に溶け込みながらきちんとした法律（合理性）を基本に生活している。これは、工業文明という巨大な社会の中で生きてゆくための原点である。また、彼らの無駄のない合理的、効率的な生活はものごとを科学的に見る土壌を持っている。彼らの生活は慣習などにとらわれず常にコスト（費用や時間）をどう節約するか、そしてより多く自らの自由（勝手気ままでない）を作り出すことで自分の人生を満喫できるよういつも心がけている。日本人のマンネリ化した無目的の人生とはかなり違っている。では、私の実際の生活体験で見たものを紹介したい。
　自己責任の徹底：日本のように家父長的な面倒見など許されない社会である。危険な場所や行事などではよくこのようなサイン（標識 at your own risk）を見かける。これは、何をするにも基本的には自分で責任を持って行動することを促している。

社会の一員としての義務：法律の遵守はもちろんである。アメリカへ来て間もない韓国人が海岸で貝を拾い集めて当局に見つかり２万ドルもの罰金を払わされたのを聞いてびっくりした。野花の採集も禁じていられるが私は妻とヨセミテ公園でわらび（山菜）採りしたが今でも後悔している。現地人（アメリカ人）と実際に生活してみてかなり法律の規制が厳しいことに気付いた。カリフォルニアでは焚き火はご法度。半年間乾期が続くのですぐ火事になりやすい。また、蚊を絶やすために水を溜めて置かないことなど。しかし、洗濯物を外に干さないことは常識の範囲であるらしい。外で干してある洗濯ものを数か所で見たことがある。

　権利の主張：少なくともアメリカの社会では、「してもらう」、「してやる」などといった思考はない。官僚的なそして家父長的な従属関係は特に自由と民主主義国（完全から程遠いが）ではきちんとした責任を持って行動をしなければならない。外国人（日本人）だからといって甘えは許されない。こちらが片言の英語でしゃべっても相手はゆっくりと話してくれないが、西洋作法を学べばいつの間にかどうどうと主張できるようになる。しかし、多くの日本人は甘えが捨てきれず帰国するようである。私は訴訟問題（ビザの取得と妻の歯科医との診療ミス）やいくつものビジネスの交渉（特に保険金は交渉次第）で自分の主張を試す機会に恵まれよい体験をしたと思っている。訴訟問題では実際にコート（家庭裁判所）へ行き傍聴してきて綿密に準備してから歯科医との交渉に入ったところ相手も示談に

応じて賠償額を払った。この歯科医は日系二世で私が日本から来た何も知らない学生と勘違いしたに違いない。交通事故の交渉では相手の保険会社から生涯の治療代やすでに自分が中古で買った車を10万キロ乗ったにもかかわらず購入代金を上回る支払いをさせたのは私の手柄であった。このような体験ができるのは単なる英会話ができるだけでなく西洋的な思考で対処できたからである。

2．科学を生活の中で、合理性の追求と創造力の育成

　限りなく無駄を取り除く合理主義：いろいろな体験からくる新しい発想は毎日単調な生活では新しい発想は生まれない。DIY（自分で作る）の生活では不便性を感じて新しいものを工作する。技術（手工）よりも道具の開発を求め時間をかけないことと誰にでもできる工夫をする。日本では包丁一本で何でも切りさばくが西洋人は何種類ものナイフを使ってその都度切るものに一番見合ったものを使う。その方が時間をかけないできれいに切ることができる。この思考は機械の発明などに応用していくことができる。

　生活の中の合理性：一人で何でもこなす。料理、庭仕事、車の修理、家の修復、などでいかに時間を節約できるか、もっと便利な道具はないか、手元にある作業によって思考範囲を広げていく。私も２時間以上も車の下にもぐって部品の取り替えをしたことがある。廃車場へ行って同じ車を探し故障している部品と同じものを自分ではずしてこれをレジへ持って行き価格の交渉をする。何でも横着をし

ないで自ら体を動かすことがアメリカ生活の基本である。私の場合は修理代がないのが理由であったが。

　作業には時間を計ることを忘れない、これは科学の原点である。そして経過を記録することも。西洋人はよくメモをとることが好きだ。部屋ごとに辞書とメモ用紙や筆記用具を置いている（トイレの中にさえ）。あるとき知人が発熱したが薬や医者のことより実際の熱の経過を測りその推移を確かめて回復へ向かっているのか判断しているのを見て、びっくりしたことがある。無知な日本人はやたらと医者に頼るが彼らは生活に自信を持っている。風邪やインフルエンザ（フルーという）などでは医者へいかないで、ゆっくり休んで治す。また火傷などは病院や薬などより冷たい水をしばらくかけるだけでほとんどは回復できるのをアメリカで知った。私はターム（期末）試験の後は決まってフルーを罹ったが、2日ほど寝ていれば治った。しかし、過酷な大学生活で帰国してからも、試験のトラウマがしばらく続いた。

　彼らの創造力の元はこのような日常の生活行動によって不都合さや不便さを感じてそれを改造するところから始まる。とろが日本人はどうだろう休日で西洋人のように多種多様な生活は送っていない。最近は男も家事を手伝うようになったが自ら好んでやっているとは言いがたい。家の修復や車の点検などは専門知識と道具が必要だからつい専門家に頼ってしまう。週末は仕事の疲れを癒すのに専念するからいろいろなことに挑戦するなど思いも浮かばない。この単純な生活の繰り返しでは創造力を持つことなどありえ

ない。せかせかした、そして無目的な生活ではなくゆったりとした計画性のある生活が創造性を生み出す原点で、工業生産社会の発展はこれにかかっているようだ。

3．生活ルール

　私が渡米した1970年代初めの日本ではこれから大衆消費時代を迎えるときで、まだ西洋的な生活はしていなかった。電化製品と車は西洋並みであったが電話の普及はまだ全部の家庭に行き届いてなく、家はまだ古来の日本的な家屋であった。うわべだけの西洋の知識しか知らないでアメリカ社会に飛び込んでみると周りのものすべてが違っていたのを今でも覚えている。そして彼らの行動はとても理性的（時間の約束、金銭の支払い、また人間関係）であったのが印象的である。6年間のアメリカ生活は何かを発見する興奮する日々であった。体験を基にアメリカのルールを紹介しよう。これらのルールをきちんと（理論的に）習得していれば日本の日常生活の中で便利なことがたくさんある。
　ア．右回りのルール（clockwise）
　　　ネジをしめる時は必ず右回りである。もし戸惑った場合は、時計を見て判断すればよい。サークルでの順番も自然に時計方向である。
　イ．左から右へ
　　　西洋の文はすべて左から右に書くように、居住地の表示順序も同じである。日本ではまだ自分勝手に付け

ているところがある。集合住宅の番号などは右から左からと入り乱れているので苛立ちをおぼえる。大衆トイレは男女が並んでいる場合は通常左側が男用である。

ウ．地図の見方

　必ず北（上）南（下）と描くこと、奇数番号の国道は南北へ走る、偶数は東西に走る。道路を隔てて基点から見て左側は奇数、右側は偶数の番地となっている。1ブロック（区画）は3桁（百番）なのでその番地を見るとすぐにどの位で着けるか目安がつく。例えば、5030 Golden Gate Av. とすると、この通りの基点から50ブロック行って左側を見ていけば見つかる。日本では地図を描く場合個人の位置を基準に都合よく描くのでよく混乱することがある。日本人は地図の見方が苦手といわれるが描き方も未開人のような気がする。

エ．車社会

　3年前（2007年）アメリカを訪問したとき、カリフォルニア州バークレーの街角でふと気付いたことがあった。それはカーナビがどの車（20台を見て回った）にも搭載されていなかったことである。あの広いアメリカでついていないのはなぜか誰かに聞いたことがあるがまったく無頓着であった。「必要ない」それだけである。日本人はなぜあれほど高価なものを着けるのだろうか。年に数回しか使わないのに車ローン数回分のものを着けるのは愚の骨頂かもしれない。

日本人と西洋人では「光」の概念が違う。前者にとって光は物を見る手段としているために自分が見える限り車のライトを点けない。後者にとっては光はまず信号として相手に気付くことを念頭に置いている。日本人の後進性が見られる。

　坂道で駐車する場合下り方向では前輪を必ず縁石に向かって、また上り方向では縁石の反対に向けることはアメリカの道交法にきちんと載っている。しかし、この重要なことを日本では義務付けていないことに驚く。

オ．家の構造

　家に関してはたくさん述べることがある。第一に、日本は家が消耗品となったことである（最近政府の指導でいくらか百年もつ家つくりなどのキャンペーンが聞かれるが）。15年から20年たらずで建て替えるなど世界中どこを見ても日本以外にないであろう。資源の無駄使い廃材の公害等またまだローンが終わらないうちに三世代ローンを組むなど日本人はまるでローンのために生活しているようだ。日本ほど多種多様な家が建っているところはないと思う。日本の気候や風土を無視して建てるのであるからそこにはかなりの無理がくる。湿気を取り除くのに一年中換気扇をつけっぱなしなど、私自身アメリカの個人住宅で体験したことはない。当然日本の気候に合わないので長持ちせず建て替えとなり住宅ビジネスを潤すことになっている。

　家の構造も西洋にまねたものになっているが、個人

主義の意味が日本人はわかっておらず家庭崩壊を起こす基ともなっている。西洋の家は居間が中心に置かれ食事する場所やトイレなどはそこを必ず通っていくようになっている。だから、個人が一日中家族と接しないで過ごすことなどありえない。個人の部屋でも、寝るとき以外ほとんど開けてある。もちろんバスルーム（トイレと風呂場）は使用中はドアを閉めてあるが普段は必ず開けておかなければならない。

　ドアの開閉は日本とは際立った差がある。アメリカではドアは必ず内側へ開くようになっている。もし外側に開いたら訪問客はドアにぶつかるから危険である。日本の玄関は狭く、しかも履物を脱ぐ習慣があるので内側へ開けるのは難しいがこの習慣が公共の場でも見られるのは文明国としてはずかしい。いちいちドアの取手の「ひく」か「おす」のサインを見ながら開閉しなければならない。

カ．個人のルール

　西洋人のマナーを見ていてすがすがしいものがある。それは他人を気遣う気持ちや恥ずかしがらず積極的に公の場で行動を起こす動作に現れる。このような公共精神は生まれながら身に付いているわけでなく幼年時代からの躾によるものである。ところが、日本人の子供の躾はほとんど放りっぱなしのようである。家族一緒の食事で親からかなりのマナーを教わるのが西洋であるが、日本では父親不在の夕食や塾等でばらばらな食事は個人的なマナーを習得する機会が非常に少

なくなっている。しかも、すでに核家族世代に育った親は躾の方法など持って育ってきていないのでどうしてよいかわからないでいる。社会人になるための基本を昔は小さな共同体の責任で教えたが今は家族にその責任があることに日本は気付いていない。日本の親は子供が常識（知識）を身に付けさえすれば常識（マナー）などいつか自然に覚えていけると思っているようだ。常識の意味が違うことを強調したい。

　西洋での食事のマナーは非常に厳しい。それを破ると父親の手が飛んでくるのを何度か見かけている。話をしながら食べることやもちろん音を立てて食べることは下品なようで小さいときから徹底させる。日本のテレビのビールのコマーシャルで音を出しての宣伝は西洋人から見たらどうかと、いつも首をかしげる。

　テレビの中で見るなら違和感がないが最近は外国人も交えての食事が多くなった点で、そろそろ習慣を変えていくべきではないだろうか。たとえば、口移しの飲酒や寄せ鍋、流しそうめん等での全員一緒の食事で個人の箸などを使用するマナーは世界でもあまり見かけないと思う。派遣通訳でインドネシアに滞在していたとき、中国人の美しい女性と食事をしたがテーブルいっぱいにえびの食べかす等を散らかしたのを見てせっかくの楽しい食事が幻滅したのを今でも忘れない。今はテレビで見る限り中国人の散らかしながらの食事はもはや過去のものであるようだ。西洋化は日本より進んでいると思う。

公共の場で個人が躊躇なく他人に手を差し伸べることは西洋人にとってごく自然であるが我々はついためらいがちになる。これも小さいときの躾で学校教育では習わない。しかし、日本では学校教育の中に倫理、道徳の授業らしきものが残っている（最近復活してきたようである）のは不思議でならない。ボランティアは個人の慈善事業であるのが西洋であり、自ら進んでいろいろな活動に取り組んでいる。その場を提供して指導するのは非営利団体や教会等で政府の役人ではない。日本は街の掃除や市のイベントにボランティアといって義務的（奉仕活動）に一般に押し付けるのとは違う。

　日本は西洋から個人主義を工業文明と共に受け入れたが日本人に都合のよいところだけをかすめとるようであった。このようなことは古代から続いてきたのだからそれほど驚くべきことではないが、中国からの封建制と中央集権制をほぼ同時に受け入れた聖徳太子は非常に優秀な人だったといえる。仏教も儒教も、また道教、卜占教もすべて受け入れ混ぜ合わせて日本人に都合のよい思考を生み出してきたのである。日本人は自由のはき違いをしている。自由とは何でも自分勝手にやれる、してもらえると多くの日本人は思っているのではなかろうか。しかし、西洋の自由はその逆で全体（社会）を見て自分の位置を定め他人の自由を奪わない自由を楽しむことである。個人のルールで基本となっている「自由」は個人が勝手に決めることでなく

社会が決めた個人のルールに従って生活することである。しかし、ここが日本人の誤解している点であろう。このような見方をするには個人的な躾ではなく教育の場で身につけさせるべきであろう。

　前述したように、西洋では大人への大きな飛躍は教育を通して巨大な社会の仕組みを知り将来その中にいかにどうやって入っていけるかを習得することである。それには単に知識だけを身に付けることでなく社会的人間の育成にも非常に重点を置いていることは確かである。

4．学校にて

　西洋（アメリカ）の学校が開放的なことは日本でも知られている。制服なども特別なクリスチャンの学校でもない限りないと思う。一般的な学校の紹介は日本でもたくさんの書物に載っているのでその隙間を自分の体験で説明してみたい。

　教師が問題用紙や報告紙等すべて自分で生徒一人ひとりに手渡して（hand in）いたのはとても印象的である。手渡すときに必ず個人的な話などする。これは教師と生徒との最大の絆だと私は思っている。帰国以来、私はいつでも必ず生徒一人ずつに用紙を渡すことにしている。簡単な一声がコミュニケーションの始まりなので非常に重要である。もちろん、日本のように40人もいるクラスで一人ずつ声をかけていたのでは授業にならない。そのためには日本

も最高人数25人にさっそく取り組むべきである。日本は第2位の経済大国となったが教育の面では明治時代とほとんど変わらないシステムである（6・3制は重要なことでない）。一学級の生徒数が多すぎることが学校生活すべての問題の基となっている。

　20人ぐらいの生徒数だと自由な討論が活発にできる。討論で適切に答えられなくてもきちんと教師も生徒も聞いてくれるからよい。それよりも無言でいることがどちらにとってもつらい。日本人の性格を知ってか教師は私にていねいに尋ねてくれたのを憶えている（たくさんの場面を数十年たった今でもその一つ一つの場面をリアルに語ることができる）。大学教授を含め英語教師にどれだけ世話になったか計り知れない。私は話し方（会話でなく）がわからなかったので最初に理由を述べていくとどうしても時間がかかりいつの間にか結論がどこかへ行ってしまう。先生たちはそれでもきちんと聞いてくれていたのを思い出す。日本ではあまりこのような光景があったことを憶えていない。

　もちろん、教室で居眠りする生徒はまったく見かけなかった。これは日本人の特技というものである。私が70年代初めに渡ったときにはすでに、向こうでは日本人はいつでもどこでも寝ることができると評判であった。私も最初のころ英語が聞けなかったせいか人前でも何回かうたたねをしたことがある。それで遠まわしにこのようなことを聞かされた。2年ぐらいしたらこの習慣はほとんど解消できた。やはり生まれつきではなくて習慣がそのようにさせていたと思う。帰国後、大学のシンポジウムに参加したとこ

ろ、隣の教授が眠っていたのを憶えている。国会でも眠っているような議員をテレビで見かけるがこれは日本の悪い習慣である。これをなくすにはいつも討論、会議に参加している自覚意識をもたなくてはいけない。話を聴きながらそれが正しいかどうか頭を働かせていると眠っていられなくなる。逆に言うと眠っている人はもちろん相手の話など聞いているわけはなくもともと最初から聞こうとしなかったと見られてもしかたがない。非常に無礼であると西洋人に思われても当然である。

　西洋の学校は合理性をきわめる。私は渡米後しばらく高校の教師（Mr. Gerrits）の家に滞在していたのでいろいろな体験を肌で感じ取った。それはその後のアメリカ生活に大きなプラスとなった。氏はたびたびたくさんのレポートを学校から持ち帰って添削していた。彼は国語（英語）の教師であったがそのレポートの内容は多様であったので聞いてみた。すると、文章力は彼が採点して内容は他の教科の各自の教師たちが採点すると言った。このようなコラボレーションは日本では聞いたことがなかった。生徒も高校生だからきちんとしたエッセイであったことを憶えている。

　私は留学（米国）中に日本のようなマス（70〜80人）クラスなどに出席したことはなかった。一クラス20〜30人程度なので教授や学生たちと親しくなりどのクラスも楽しかったのを憶えている。科目そのものは大変だったが英語（特に文章力）があれば一般の日本人でもついていけると思う。入学して最初の経済学の授業のとき、プレゼンテー

ションがあった。3分ぐらいなのでメモも持たずに壇上に立った、そのとたん学生一人ひとりの視線を浴びて頭が真っ白になったことを覚えている。そのことは自分の生涯の戒めとなって今日まで続いている。それは、たとえわずかのスピーチでもきちんと順序だてをし、何を話すか最初にしっかり聴衆に語ることであった。しかし、紙面に書いてスピーチの練習はするが人前でそれを読み上げるようなことはしない。これはアメリカでは常識である。日本ではほとんどの演説は用紙を読み上げるものが多く、聴衆者に言いたいことが伝わってこないことが多い。相手に感動を与えたいなら自ら演出し、大衆といえども一人ひとりの顔を見ながら訴えていけば話し手の真剣さを理解してくれる。

　どうして日本では中学校まで生徒は名札を着けなければならないのか。このような慣習はまったく必要ない。教師が自分の生徒の名前を憶えなかったら教師の怠慢そのものである。アメリカではもちろんそのようなものはない。また、日本では生徒は（体育、音楽等を除いて）ほとんど一日中同じクラスに座っている。中学の教師は受け持ちクラスを動きまわっている。しかし、アメリカでは逆である。どちらが合理的であろうか。アメリカは生徒の持ち物は朝持参したもの（弁当と筆記用具、あとは宿題程度）以外クラス間で持ち歩くものがないからすばやく移動できる。教師は自分の居室で多くの教材（教科書は学校に属し、その教室に備えてある）を準備しながら生徒を待ち受ける。

　日本人は鉛筆と消しゴムを同時に使うように見える。アメリカではそれほどまでに消しゴムは使わない。前者は恥

の文化を背負っているのであろうか。数学の解答などを除いて間違えた部分はきちんとクロス（その上に横線を引く）して自分の間違いを認識する。日本のように間違えるのが「恥ずかしい」世界ではいつも間違い部分を消し去る習慣がある。まるで間違いを指摘されるのを脅えているかのごとくである。これではまともな勉強はできない。私はいつも「間違うこと、失敗は恥でない」と生徒に言い聞かせている。西洋思考ではいくつもの失敗の体験をさせることが重要である。

　西洋でも子供が「大人」の仲間入りをするには精神の飛躍体験のようなことを共同体（集落）が行っていたが、工業文明の発展によって一掃され一時期、個人は野放し状態に置かれたこともあった。人間は社会的動物であることを知り巨大な社会が秩序を持ってくると、どうやって子供を「大人」にするか教育を通して達成させていくことがハッキリしてきた。日本はまだそれを意識していないようだ。後者は教育とは知識を植えつけるものと思っている。また逆に、以前の封建的な情緒を持たせることで「大人」にしようとしている。「大人」としての思考力を持って自律と独立心を養う教育などは日本にはないようだ。ますます低年齢化する受験競争はまったく人間教育からかけ離れたものである。

　アメリカの人間教育はかなり充実したものである。きちんとした文章を子供たちに書かせることでまず論理的な思考法を学ばせる。人前できちんとした説明をして自分の意思表示をすることは大人としての義務と権利でもある。ま

た、文章を書くことで冷静にものごとを見ることができようになる。特に社会関係（組織、会社、団体等）を知るには自分を外に置く必要がある。外にいなければ全体を把握できないこと、そして外にいればその全体の中のどの部分に自分が入っているのかまたこれから入るのかを冷静、客観的に見ることができる。

第3章　哲学が育たない国

　いつまでも官僚制度の「してもらう」封建的な思考では哲学（思考学）が育たないのは当然であろう。一億総国民が漫画とお笑い、そしていつでもテレビの「ワイドショウ」を見て過ごしていたのでは毎日の生活に何の疑問も持たないのは当然である。他方で年間3万以上の人が自殺していくのを見てほとんど他人事のようにノー天気で過ごしていけるのもこの国ならではの人間性かも知れない。自分で、ものごとを考えることができない人間はいつも他人のことばかり気にしている。インフルエンザがはやれば総国民がマスクをかける異様な光景は日本以外にないであろう。何でも国民はマスコミのプロパガンダに載せられて怒涛のごとくこの小さな島国を駆けずり回っているある種の動物にたとえることができる。これではいつまた歴史が繰り返されても不思議ではない。自律できる人間が育たなければ民主主義は絵に描いた餅にすぎない。

　日本人は敗戦から何も学んでこなかった。それもそのはず国を守る戦争だったのに負けても国は残っているからである。負けても国は残っているとはなんと不思議ではないか。しかし、それを考えるのは筆者だけであろうか。連合国の戦争の意義はすでに違っていたのである。お膳立てされた民主主義に乗って日本はすでに労せずして民主主義国家になったと手放しで喜んでいるのを見ると滑稽でならな

い。日本の民主主義制度を一皮剥ぎ取れば古い封建的な制度が今も延々と続いていることに気付くはずである。年金制度のずさんさ一つみてもほとんどだれも責任をとっていない。なぜか。それはこの日本の制度そのものに欠陥があるためである。このようないい加減な政治ができるのは先進国家の中では日本ぐらいのものである。

　日本人が本当に民主主義国家をめざすならば国民一人ひとりが自律してものごとを考えていかなければならない。今までこのことを真剣に考えてこなかったのは第2章で述べた2つ理由（和魂洋才がよい、西洋生活をすでにしている）のほかに、「自分で考える」ことを教育してこなかったことによるところが大きい。国家にとってみれば統制しやすいが工業生産力に支えられる制度をつくり、発展させていくには「自律する思考」をどうしてもしなければならない。それには日本の「哲学」について見直していく必要がある。今までのような現実にそぐわない「哲学」では百害あって一利なしである。

　たぶん読者の多くは「哲学」と聞くと身構えてしまうかもしれない。そして、これから実践していく「哲学」に対して違和感を持つかもしれない。それは今まで「哲学」を学問の領域にとどめて置いた学者たちに責任がある。本来哲学は人々を啓発していく使命を果たしてきた。だが、日本においてはなぜか使い方がわからず西洋文化の一つとして紹介されてきたからである。これからは哲学（思考学）を生活の中に取り入れ誰もが使っていけるようにしなければならない。これから紹介するいろいろな思考法は実際の

生活での問題を解くカギとなるのが多い。しかし、これらの理論を使っても解けなかったならば自分で方法論を開発しなければならない。筆者には新しい思考法など考える術はなく先達たちが創造した多様な思考法を用いて問題に取り組んでみたい。

第1節　哲学とは

1．定義

　歴史に残る思想家（哲学者）は、その当時の問題に直面し、それまでの思考法を用いて解決の方法を試みたが解答が得られず自らの方法を生み出していった。今では宗教となった釈迦、キリスト、孔子（儒教）の教えとて同じである。彼らが肉眼で見、また肌で感じた現実は耐えがたきものであったと察しがつく。そして、それまでの思考（理念）を通してみた場合かなり現実とはかけ離れたものであった。バラモン教、ユダヤ教、そして道教では市民を救えるものでなくそれを乗り越える理論が必要であった。これがいわゆる哲学（思考学）といえるものである。しかし、人々が次第にその考え方（思想）に納得し大勢を占めていくと、それまで支配していた体制は翻ってそれを利用しようとしていく。もはやそこでは理論としてではなくすでに宗教となる。そして、武力の代わりに市民を精神的に統制（mind-control）することで安泰を図ろうとしていく。ローマ帝国がキリスト教を受け入れたのはこの理由からであ

る。

　哲学とは思考法のことでありものごとについてそれが何であるか、なぜそれが問題か、そしてその問題はどうして起こるか等を思考し、それを理論化することである、と定義づけられる。日本本来の「哲学」の意味は私にはわからないが、明治のときにある思想家によって命名されたようである。その漢字の意味と西洋で一般に用いられているphilosophy の意味ではかなり違うのではなかろうか。明治時代においてまだ西洋化が浅く、西洋語の意味が深く研究されないで「哲学」という語が生まれたものと思う。他の学問の語源（意味）も参考にしてみよう（表1）。学者は

表1

学問	英語で	意味
哲学	philosophy (to think)	考えを理論化すること（思考学のほうがわかる）。
幾何学	geometry (to measure the land)	土地を計ること（ジオメトリーの方がわかる）。
数学	mathematics (a picture in mind)	明らかに数の学問でない。算術はarithmetic である。
経済学	economics (how to live)	漢字の意味とはかけ離れている。生活する（生きる）ための学問で、すべての学問の基本をなすもの。日本ではほとんどビジネス（商売）と同じように見られる。
科学	science (to measure)	記録、計算し、合理的な認識を得る。
産業革命	industrial revolution	工業革命のほうが合う。産業は農業、林業等のことも含まれる。

よく辞書（「広辞苑」等）を参考にしてその語を定義していくが私は自分の理に合った言い方を述べていきたい。すでに化石化した用語は書き改めていくべきかと思う。日本語のイメージとはほど遠いものがある。

2．哲学のない世界

　日本人は論理的思考、つまり哲学を持っていないためにきちんとものごと捉えることができないでいる。理論化できないためにあいまいにしていくことが多い。例えば、哲学を「知」の論理とギリシャ語から訳してそのまま定義としている例が見られるがこれでは何のことかわらない。知識を得ただけでは問題の解決に結びつかない。政治における哲学の不在は近視眼的な政策に捉れ長期的な展望やしっかりした戦略、戦術などを立てることができない。最近特に日本の政治は目先の政策にこだわりすぎる傾向がある。週休2日制が無視されもうすぐ土曜日の登校が始まるようである（以前から私学では登校しているが）。アメリカでは学力の低下をこのような政策のせいにはしない。日本では学校で学業以外の行事がありすぎる。始業式、終業式、運動会などに時間をかけなくともよい。わずか15年余りで革命的な教育改革が後退するのは日本がまだ戦略的な思考をもてない幼稚な民族とみなせる。
　哲学する能力がない歴史家は自分たちの歴史をゆがんで説明していく。彼らほどのんきに暮らしているところは世界広しといえどもないであろう。しかも、国家政策で自国

の歴史を真剣に学習させていないことも歴史家にとってのんきにしていられる理由である。アメリカでは移住権を獲得するにはアメリカ語（主に英語）以前にアメリカの歴史を知るテストを受けなくてはならない。それほど一国民にとっては自国の歴史が重要であるが日本ではほとんど無視されている。無知な国民は歴史そのものより歴史上の人物を崇めることに向かう。今（2010年）ちょうどNHKで大河ドラマ「龍馬伝」を流している。国民は明治維新期の激動期に広い視野をもったと、ある人物「龍馬」にこの閉鎖社会の中で夢を見させられている。「龍馬」はすでに国民の英雄として一人歩きをはじめ、いつの日か神として崇められる日が来るのもそれほど遠くはない。日本に歴史家がいないのは非常に残念である。

　工業文明社会では一般的に技術の発展よりも新しい技術や生産手段の発明に重点が置かれている。西洋人は約500年前に「哲学」をもって従来の思想「カソリック・キリスト教」を打ち破って工業文明を開いてきた。「哲学、アリストテレス論」がなかったなら新しい科学は生まれなかったに違いない。そして科学は発明、発見の基本となっている。ノーベル賞が人類社会にすべて貢献しているとは言いがたいが、日本の物理学者の受賞者の数が経済大国にもかかわらず他の西洋諸国と比べて極端に少ない[1]原因は思考力の乏しさにある。西洋思考を持てる民族は工業文明の中で優位に立つのは当然といえる。これについては次章で説明していく。

　最後に、日本に哲学者の存在を疑う最大の理由は社会問

題をきちんとした理論を打ち立てて政治問題へと指導する人がいないこと。古代からの哲学者（今では宗教として崇められるキリストや釈迦も含めて）は現実の問題（当時の飢餓や過酷な搾取）に直面し、少しでもよい生活ができる策を講じていった。日本でも社会の激変期（平安末期）はこのような思想家が多数輩出した。これをまとめて鎌倉仏教という。日本人自身が歴史上初めて自らの社会改革に乗り出した。その最先端をいったのはやがて織田信長を悩ませた「一向宗」である。この民主主義的思想は鎌倉初期に法然（浄土宗の開祖）が開いたもの。しかし、やがて仏教（アーリア系思想、天地創造や永劫転生）はその一番の汚点であるカーストを生み出す結果となったことは事実である。我々が教訓とするのは言葉を信じるのでなく、古代の偉大な思想家がその当時の問題を解くためにどうやった方法（方法論）をとったかである。

3．哲学者の歴史的背景

　歴史の変動期には偉大な思想家（哲学者）が出現するが、江戸末期から明治初期にかけても何人かの名前を挙げることができる。中でも大塩平八郎[2]、吉田松蔭、そして大杉栄等は現実の問題に直面しながら唯一の方法を模索していった。その後、西洋から工業文明が押し寄せ、他の学問の西洋化と共に哲学（思考論）も西洋化していくことになる。日本の思想の変遷を見ると、まず生産手段が渡来し、しだいにそれに見合った生産様式が社会の中で形成さ

れていく順を踏んでいる。

　2000年以上も遡ると稲作の渡来（弥生初期）は鉄器を伴って日本に入り、しだいに階級思想もこの社会に根付いていったと予想される。古墳時代（紀元3～6世紀）には地方ごとの豪族がしっかりと形成され、階級社会が生まれた。6世紀の終わりには日本列島各地の王族を取りまとめて大和国家が成立し中央集権的な支配は中国の権力機構を真似ていった。聖徳太子は行政面では中央集権思想の儒教を、そして精神面では仏教を取り入れた。これは当時の中国本土の政治形態をそのまま反映している。後漢の中央集権国家が消滅（3世紀）した後、広大な中国大陸では地方の部族が勝手に政治支配（特に河川で農地を分断する南部）をする封建制度が数世紀続いた[3]。この制度は、インド（河川と山岳とで集落が形成した）と同じ政治形態で当然仏教が繁栄した。やがて、洛陽を中心とする広大な農地を一度に統制できる隋国が中央集権国家となった。だが、思想面ではまだ封建思想を謳歌する仏教がほぼ東アジア大陸全土を支配していたようである[4]。やがて隋に代わった唐（7世紀から10世紀まで）は、中央集権制度をとり律令国家として繁栄するが、当然封建制の仏教から思想はしだいに儒教へと移行していったことはいうまでもない。

　我々は、生産力と生産関係とが独特の思想を生み出すことをここではっきり見ることができる。我々が住んでいるいまの工業文明では西洋思想が導入され我々の精神が変化していくことは当たり前である。大和政権が大陸の律令制

を取り入れ全国を統一したことは一時的にはよかったが、日本の地理の制約に阻まれ中央集権は長くは続かなかった。日本は平安期以後、封建制と仏教の国になっていった。また、ヨーロッパでも同じことが発生している。中央集権国家のローマ帝国では奴隷を基本とした経済のために思想など必要なかった。しかし、この帝国が崩壊し封建制へ移行する時期になってキリスト教はその制度にふさわしいカソリック教に作られていった。アウグスティヌス教父は教会を建て（仏教と同じ）、封土ごとに農奴を支配できる思想をプラトンのアカデミーから学んで設立した。もともと仏教の本家バラモン教とユダヤ教は同じ鉄器文明の発祥地カッパドキアからのアーリア系種族のものであったから、何も不思議なことではない[5]。日本はその地形と気候とで中央集権制度には向かず、大和国家の直接の全国支配は1世紀も持たずに封建的な荘園制度に変わっていった。

　その後、中国とは何度も綿密な交流があっても中央集権思想の儒教（王道）は日本ではそれほど人気が出ず、中国で途絶えた仏教が独自に変化して農奴たちの思想の基になった。鎌倉時代の辻説法がちょうど西洋のドミニコ、フランシスコ派がカソリックの中から生まれた時代と一致しているのは単なる偶然にすぎないのだろうか[6]。

　そして20世紀に入ると西洋からの機械と同時に違った階級思想が持ちこまれた。それは一方では自由主義思想であって少しだが民主主義の理念も支配者側の都合で導入されていった。他方、まだ日本が工業化社会から程遠いという

のに学術分野から社会主義理念が紹介されていった。私は戦前（第二次世界大戦）の社会主義運動で日本が民主主義へ改革されていったとは思わない。もし日本が少しでも民主主義（大正時代にかろうじてあったが）や社会制度の改革があったとしたら、それは国家が世界の列強との摩擦で苦労していたからだと理解できる。その証拠に満州事変あたりからすでに日本の民主主義思想はほとんど壊滅状態となって、敗戦後アメリカの承認の下で再び民主主義運動が沸き起こってきた。それに比べて西洋ではナチ支配やアメリカ帝国主義の下でもレジスタンスや政治活動は激しいものであった。日本では道元や親鸞の思想を基に中世に中部地方で根付いた一向一揆があるが、これが唯一の自分の足で立った民主的運動といえる[7]。

　日本は朝鮮戦争、およびベトナム戦争特需によっておよそ20年余りで戦後の復興どころか世界第2位の経済大国へとのし上がっていった。このような経済情勢では当然社会問題も変化していくはずである。労働問題もいつしか階級性が薄まっていき政治的な解決よりも経済的（賃上げ闘争等）な運動へと移っていく。それはまた哲学の世界でも現実の問題から遠ざかって政治に関わらない学問の分野に専念するようになる。これでは思想の発展が望めないのは当然である。経済発展の栄光の裏でかなり大きな問題を最初から日本は背負っていた。それは、日本列島を包み込むイタイイタイ病や川崎喘息病等の公害であった。これらが政治的な問題になるのはその後20年も過ぎてからのことである。労働運動もすでに官僚的となってその代表的な政治団

体も御用組合となった労働者に気を使って政治活動は制約され後に二つのしこりを残すことになる。一つは、労働者階級の指導的な役目をしてきた三公社五現業が解体されその組合が消滅したことである。もはや日本では労働者階級を代表とする政治団体はなきに等しい状態となった。もう一つは、労働者の官僚化によってパート雇用が増加し大きな社会問題を引き起こしている。このことは労働者階級の中で搾取関係ができるという資本主義制度の中では新しい現象が起きていることを示す。

　1980年代に入って日本経済は最高度の成長を見せた。いわゆるバブル経済である。膨大な額に達した資本はその投資先を国家事業に移していった。先ほどの国家企業のほとんどが私企業（郵政事業は2008年から）へ移行し、その資本を保障した。70年代半ばまで日本経済のバランスは国家の借金（国債）を当てにすることなく均衡を保ったが社会福祉の名目で80年代を通してうなぎのぼりに国債は増え続けていく。日本経済の主要産業はもちろん重工業で、自動車または電子産業（コンピューターのハード）は世界でもトップクラスであった。景気の後押しをしたのは国家の大盤振る舞いである。無計画な箱物を全国の自治体につくらせ、それを国債・地方債によって賄うことになった。当時の政府としては売上税（今は消費税と呼んでいるが）の導入で国家の借金を返済できると思ったが国民は苦い戦前の経験（消費税によって軍事費を賄った）をまだ忘れていなかったために反対され、国債の累積は増加の一途をたどる結果となった。しかし、やがてバブル崩壊後、景気対策と

して国債の増額とそれを補填するために必要な特別税（消費税）は国民に受け入れられた。

　私の知る限り、消費税がすべての売買にかかる国など聞いたことがない。病院の費用や学費（教材）等すべてに課税をするとはあまりにも無謀ではなかろうか。しかも、食料にまでとは悪名高き人頭税に等しい。国家が「打ち出の小槌」を握ってしまったことは国家予算を自由にできることを保障するものである。長く続く失業の解決の道はやがて軍事産業へ突き進むことは歴史が語っている。「資本家に利益を、そして労働者に雇用を！」のキャンペーンは戦前のアメリカのニューディール政策と同じである。以上、日本の歴史の変遷とそのときに用いられる思想を説明してきた。

　今、日本が直面している歴史の転換期にこのような政治、経済の背景を理解して新しい思想を展開できる哲学者がいるのだろうか。

4．哲学者の不在

　今日、日本には哲学者といわれる２つのグループがある。一つは、多少社会問題に意識をもっているグループである。この哲学者たちは海外経験などをしているために実践的な思考を持っている。海外で習得した実践の経験を日本の社会問題に応用する。だが、不幸にしてそれは西洋思考を利用するのでなく、知らぬうちに日本で育てられてきた従来の思想を持ってくるのが一般的である。

この海外組といわれるグループは、古くは明治初期の新渡戸稲造などがふくまれる。彼らは古代からの仏教、儒教、そして武士道等をその思想の根源としている。故丸山真男氏や梅沢猛、そして木田元氏等はこのグループに含まれる。日本の社会問題を古代からの思想によって解決しようとしているようだ。仏教や儒教の中にいくつかの解答は見つけられるが、それは一時的なものにすぎない。なぜなら、これらの思想は鉄器時代の封建制度や中央集権制度の中での問題に対処するものである。この工業文明の中の問題は社会の仕組みが以前よりはるかに複雑でありこのような単純なものではない。

　彼らがよく引き合いに出すのは仏教用語や儒教用語である。彼らは自分の言葉は使わず頻繁に宗主の言葉を引用する。言葉を信じることはすなわち宗教であって哲学とはいえない。このことは共産主義を主唱するマルクス主義者にも言えることである。ことあるごとに、「なぜならマルクスは彼の本の中でこう言っている」等、自分の都合の良い箇所を見つけて際限なく引用していく。このような思想家は今日の社会主義低迷期にはどうしてよいか路頭に迷う。

　もう一つの哲学者といわれるグループは西洋哲学の解説者と呼ばれる人たちである。彼らは実践にはほとんど関わらないのが通例である。彼らは通常大学等の教育機関で師弟関係を維持しながら伝統の思想の理解を引きついでゆく。その伝統は西洋思想であり、その中でも非常に狭いジャンルの解説に専念する。生涯資本論、ケインズの有効需要論、ヘーゲル、カント等といったものである。これらの

学者たちは通常一生涯の安定したポストが保証されているので社会の問題に関わることはまれである。

第2節　哲学と思想

読者の中にはもしかして哲学と思想とを混同している方がおられるかもしれない。そこでこの節でははっきりと区別してみたい。まず哲学とはすでに定義したように思考法（how to think）であり、ある問題の解き方をいう。そして、思想とはあるものの考え（idea）である。批判を恐れず列挙してみよう。

1．思考法（哲学）

  論理学：ものごとを説明するには最も合理的な方法である。これには弁証法、分類学、そして三段論法などが含まれる。これは西洋思考の車輪の片方をなすので、もう一度第4章で説明する。
  認識論：五感を基本として、事実をありのままに説明する。これには唯物論も含まれる。変化することを基本とする。プラグマチズム（現実主義）にはまりやすい。
  均衡論：変化なしを基本とする。静態的（数学）、観念論的なものをさす。
  演繹帰納法：論理（定義）からと事実（分析）からも

のごとを説明する。演繹もそれが生まれる前提には帰納による事実がある。この理論は因果論や逆説論なども含まれる。

2．思想（idea）

自然教：原始教ともいう。呪物主義、卜占、トーテミズム等
　　　　自然に力（神）がある（宿っている）のを認め、それで人間の生活（生産）の中での問題を解こうとするもの。自然（山、川、かみなりなど）すべてに神が宿っている。いわしの頭も信心しだいで神になる。生産力がまだ自然の恵みに依存していた時代（狩猟採集）から鉄器文明前の農耕文明まで続いた。日本で今でも続いているのは稲作農耕が治水に頼らずモンスーン気候に頼っているためで、「雨乞い」の儀式の伝統をもっている。人間が言葉を作って自然との関係を意識したときから始まった。

三大思想：宗教（アーリア系思想をいう、ユダヤ教、キリスト教、バラモン教、ヒンズー教、仏教等）、儒教（中華系思想をいう、道教、陰陽説等）、古代ギリシャ哲学（神話から自然のありのまま、黎明期の唯物論）
　　　　これらの思想は鉄器時代の遺産である。第4

　　　　　章で説明する。
　西洋思想：工業文明を生み出した思想（近代科学、現
　　　　　実主義、自由放任主義、自然淘汰主義、合理
　　　　　主義、資本主義、民主主義等）
　社会主義思想：分業から協業への過程での生産様式を
　　　　　映し出している（平等主義、マルクス主義、
　　　　　毛沢東主義、共産主義等）。唯物論を基本に
　　　　　据えている。社会形態（形而上）は常に生産
　　　　　力の発展に伴って変化してゆくもの、その逆
　　　　　ではない。

第3節　哲学を楽しもう

　哲学を単なる西洋哲学の解説や古代思想へ逆戻りさせないためにも前述した思考法や思想をもちいて実際の問題に取り組んでいくべきである。哲学は難しい学問であると決め付けて遠くから眺めていては生活の中で生かすことはできない。西洋人は無意識のうちに哲学的思考によって問題に着手している。この節では最初に思考法の練習を実践する。そして次に実際の問題を思考法や思想をもちいて解決の道を探していきたい。

1．論理の展開

a．弁証法
弁証法の実践：

　故加藤周一氏は、自然の中ではまっすぐ（直線）か円（サークル）しかないと言っている(8)。彼は弁証的展開を知っていない。すべての発展の法則は、ある一定の量に達すると質的に変化するものである。「量から質へ、そして次の量へまたは否定の否定」の法則は歴代の唯物弁証論者によってわかりやすく説明されている。例として、"同じ物質が氷、水、そして蒸気と変化していく(9)。" また、交換手段としての貨幣がやがて資本となるのを理論化したカール・ニーブル等(10)。強調する点は、弁証法とは変化がそのものの中で、そのものによって、そしてそのもののために変化することである。もし戦後の日本に本当の民主主義がないとするならば、アメリカから借りてきただけで本当に国民自身が民主主義を理解していないことである。西洋思想を代表するヘーゲルは弁証法を理論化した第一人者であるが、過去の歴史を否定してきて、いざ自分の住んでいる制度になると体制の擁護になるのは言葉だけの弁証法にすぎない。

　弁証法を知っておくことはいろいろな面で役に立つ。何についても疑うこと、そして先入観を捨て知らないことから始めると解答が見えてくる。会話の展開は自分の知識をさらけ出すのでなく、話し相手からより多く情報を得るこ

と。何も知らないから話ができないのではない。私の経験では、英単語の暗記は日々一つ一つの積み重ね（量）であり、それを続けていくと、あるとき巨大な量の単語が質となって湧き上がってくるようである。それは英語にかぎらずいろいろな分野にも応用できる。短期から長期記憶への過程は、脳の中の海馬（短期記憶装置で、一定の量）と前頭野（長期記憶装置）の関係に似ている。弁証法を知っておくと、生活の中で非常に役立つことがある。

　人間と自然との弁証法：

　自然と人間とが否定しあうとはどういうことか。自然の弁証法の一つとして考察するのもおもしろい。自然の法則は「無駄がないこととつくらないこと、常に変化するもの」の２つといえる。したがって、動植物はその環境の変化（基本的には宇宙に温度があること）に応じてより合理的な暮らし（経済）を迫られる。余分な生活をしているのは人間だけであり失業が一番の浪費である。それはいずれ自然の法則によって否定されるのは間違いない。

　しかしながら、人間の歴史を辿ってみると、他の自然（哺乳類）とはかなり違った状況の中でやっと生き抜いてきたことがわかる。ほとんど絶滅といわれる中からわずか数人（頭）がかろうじて生き残ったこと[11]が今日65億人を生み出し、地球上あらゆるところに進出し、他の生命を脅かしていることは遠い過去からの弁証法である。しかし、人間も自然の一部であるゆえに、自然を破壊していることは自らの絶滅を意味しているだろう。人間には自然に対する恐怖と対立が本能として宿っているが、今では人間

の能力は自然からの制約からかなり（ほとんど自由に）解放されてきている。それは我々の叡智によるものである。鉄器によって道具が生産されることで家屋や狩猟道具、農耕生産用具が発達し、自然を開発していったが、工業の発展段階においてはもはや自然を支配するまでになってきた。

　燃料さえ切らさなければ修理しながら半永久的に夜も昼も特定な場所や特定な人間に関係なく稼動する原動力は工業生産の基本となすものである。これによって自然の制約なしに未曾有の生産が可能となり、一地域に1000万人もの居住が可能となった。この工業という生産様式は中央原動力（電気等）による生産過程（協業）が基本となる社会を生み出し、誰もがその中の一部を担うこととなった。その部分が欠けることは社会全体にかなりの影響を与えることになる。例えば、発電所の労働者がいきなり発電のスウィッチを切ったらどうなるであろうか。どれだけ人々の生活に影響を及ぼすか計り知れない。このように巨大となった社会は常に労働の結集（協業）が必要である。

　ｂ．「概念」

　概念の創造：

　ふだん人は無意識のうちに理念を持って行動する。それが慣習に基づくものか理性（合理性）に基づくものかは別にしても。しかし、あるとき突然大きな問題に直面すると、この理性では手に負えないことがあり、そこでその問題を詳しく分析して新しい理論「概念」を発見していくのが通例である。人は物事を概念化することで解答への糸口

をつかみ、また自己の制約もしていける。これは人間生活をしていく上でとても重要であるが、日本人にとっては馴染みのないところである。そして、この訓練をしなければ新しい発見をするのはむずかしい。日本人が「まねする」ことから「創造する」ことへの大きな飛躍をできるかどうかは、これを習得するかどうかにかかっていると思われる。この習得の仕方を実際の例で見ていきたい。

　関係の具体性：

　関係は物質でないので、五感で捉えることはできない。言葉によって認識し、頭の中で具体性を持つことである。例を取ってみよう。ある人が大学を訪問したとする。しかし、偶然その大学のキャンパスに立ったので、念のために学生らしき人に聞いてみることにする。「大学はどこにありますか」、と。その青年は答える、「ここがそうです」。訪問した人が実際にそこに見るものは鉄筋コンクリートのビル、木々そして舗装されている広場等であろう。「大学」という組織は見えてこないが、すでに頭の中には見えていて、これからこのキャンパス内で対話をする相手はその学生や教授たちとしてみていくことは当然である。この人たちが巷で会った場合は、ただの青年か一般の大人としか見ようがない。関係を意識していくことは、無意識の内にある人の行動を制約するものである。人は一人で父親、社長、コーチ、教師等のいくつもの「顔」をこなすのは当然である。

　最初から組織の外から見ればかなりはっきり見えるが、いつもその組織の中に入っていたのでは自分の位置がわか

らなくなることがある。特に生まれてから住み着いている社会そのものの性格を知るには、ある種の能力がいるが、その見る術を習わないで大人になると人間関係において支障をきたすこととなる。大人への自覚、自立する過程で関係の概念を習得することは重要であるが、日本ではきちんと国家が取り組もうとしていないようだ。子供が自立する年齢に達したころをみて、個々人が自分の社会（組織）の外に置く（イメージとして）ことを教育によって学ばせていかなくてはならない。

　部分の集まりが全体ではない：

　概念を創造することはかなり難しいが、木と森との関係をみればよくわかる。木が何本集まれば森となるか。3本？　1万本集まっても森とはならない。それは両者の概念が違うからである。木は植物であって、森は木々の集まり以外の機能を持っている。しかし、木がなくては森とは呼べない。また個々人が集まったからといって一つの集合団体（組織）とはいえない。その組織にハッキリした意思（目的）があり、個人はその組織の部分として行動する場合のみ、一つの生きたもの（法人とかをいう）と認められる。日本人は団体行動をとることで有名であるが、これは烏合の衆にすぎない。このような集団は、リーダーの掛け声と共に一方向に突進する危険性がある。

　概念は脳の中での具体性といえる。プラトンの「洞窟の中の影」は概念の創造でよく引き合いに出されるが、概念は見えないものを見る（想像する）ことで、それは言葉を持つ人間にしかできない技能である。だが、この概念が理

論として機能を果たしている場合（問題を解く）はよいが、その言葉が独り歩きするときは、すでに観念となっている。哲学は概念の創造においては古代の偉大な思想家プラトンによるところ大だが、それを作り出す方法を理論建てしたのはアリストテレスであり、彼の分類学と三段論法が古代哲学を完成させたといえる[12]。

2．ステレオタイプ（一般論）の再考

次に説明する3つの課題はすでに多くの学者や実務家（政治家）等によって取り上げられてきたものであるが、論理思考の訓練には再考する価値がある。しかし、読者の中で馴染まない話題であったなら飛ばして読んでいただいても差し支えない。

a．合理的な幼児教育

西洋思考の実践として合理的な幼児教育に少し目を向けてみよう。私がアメリカから帰国して子供を持つようになったとき、アメリカと日本での幼児教育がかなり違うのに気付いた。現実的な体験から、いかにアメリカ人が合理的に子供を教育しているか語っていきたい。私の願いは幼児期にどうやって自分の子供が落ち着いて（じっとして）いられるかであった。アメリカ人の子供はきちんと場をわきまえて行動するので行儀がよい。そこで彼らの生活を振り返って、我が子をどう自然な形で行儀よくできるか考えてみた結果、以下のごとくであり、実際に経験済みであるから述べてゆきたい。すでに日本でも多くの家庭でこのよう

な経験をしているが、あえて列挙してみることにする。しかし、その前に、なぜ人（親等）が意識的に脳の成長過程で子供に集中力を身に付けさせることができるかを理論的にちょっと説明してみよう。この成長期に習得したものは、生涯その子の天性となるようだ。

　周知のごとく、ヒトだけが他の哺乳類と違って生まれてから５年ほどで３倍ほど脳が大きく成長する。この成長過程で学習するものは第二の本能といわれるほど、その人の生涯を決定づける重要なものである。ここで学ぶのはもちろん主に言語であるが、それと同時に言語を聴き分ける側頭野と同時に舌と唇の動きをこの発達時に習得しなければ、その後はかなり難しいようである（インドで発見された狼に育てられたといわれる少女は、きちんとした言語を生涯話せなかったといわれている）。大人になってから日本人の苦手とする英語のＬとＲとの発音の聞き分けがむずかしいのは、すでに繊細な聴覚を失くしてしまったことに起因する。

　次に４〜５歳になって前頭野は一気に大きくなるが、これは、言語を用いた思考力を身に付けたからに他ならない。これでヒトは、爬虫類脳からの短期記憶装置（海馬）と長期記憶装置（前頭野）を身に付けたことになる（ここまでがヒトの本能と呼べる）。普通哺乳類は第五感まで発展させるが、ヒトは前頭野を持つことで第六感（想像性、創造性）が言語を通して習得される。よく言語学者（チョムスキーとその支持者）は言語能力を生まれつき備わったものとするが、言語そのものは実際には生まれてから習得

するものである。ただ、言語を話す人体の機能は生まれたときにすでに持っていることは確かである（アフリカンイブ参照）。それだけに普段我々が当然と思われている言語の発達は無視されるようであるが、人間になるのに非常に重要であることを認識せざるをえない。この発達過程に関連して合理的な思考から2つの提案をしてみたい。

①本能として集中力を身に付けていくには

　私は自分の子供（男子）が3歳ごろになって外に連れ出すときには、必ず「折り紙」を携えていった。親同士が話している間も一人で紙を自在に操るようになり、次第に大人が使う折り紙の説明書を見て複雑な造形を折っていけるようになった。5歳を過ぎるころにはオリジナルなものまで創り出せたのは、30年あまり経った今でも記憶に新しい。指の動きは言語より早く、生まれてすぐ指と新皮質の頭頂野とが連携し、脳の発展に大きく及ぼしていると思われる。

　二番目の子（女子）にも折り紙を与えたが、まったく興味を示さなかった。少し危険と思われたが、はさみを持ち出してみた。私の見ているときに数回使わせたら安全に使いこなせるのを知って、どこに外出するにも紙（主に広告）とはさみを携えた。指先を使いこなすことで子供が集中力を身に付けることは、最近「公文」がビジネスで導入していることからも認められることである。小学校に入って我が子の授業中の集中力は申し分ないほどであったが、それがはさみの使用によるものか普段の生活（9時就寝と遊びに熱中）が原因かはわからない。最近は日本でも知ら

れていることであるが、西洋では以前から幼児を「能動的」に教育している。いくつかのメリットを自然な形で習得できればよい。

　②ローマ字で英語を習得する

　ローマ字を学んで英語を習得する合理的な方法を紹介したい。よくローマ字を習うと英語の発音ができなくなるといわれるが、それは偏見である。7割近くの英語がローマ字読みであるため、最初にローマ字を習ってから読み書きをできるようにする。我々日本人は学習以外に英語（特に会話）そのものに触れる機会が少ないが、英語の本が読めれば毎日身近に触れることができる。簡単な英語の本でも毎日大きな声で読んでいれば、それがリスニングにもなり、一石二鳥である。発音など気にせず多読することで英語に馴染むのも一つの学習方法といえる。江戸時代後期にローマ字は日本語と西洋語の媒体となって利用されていたようだ（参照 Shimoda Story p. 348）。

　我が家では二人とも4歳ぐらいからローマ字を始めたと思う。しばらくするとローマ字読みでない英語の文字も勘を働かして読むようになる。この場合、大きな声ではっきりとしかも早く読むようにしたほうがよい。そうすることで、より会話的になるからである。またローマ字は書くのに非常に都合がよい。a. i. u. e. oの母音とk. s. t. n. 等を加えることで、日本語の50音にマッチする。むしろ日本語のひらがなよりも先に覚えていくことができる。同時に二か国語を習得することは不可能と世間は言うが、それは外国経験のない島国的な発想にすぎない。私はアメリカで日系

人のたくさんの子供と会話をした経験を持つが、私が日本語を話すと必ず日本語で答え、途中英語に切り替えるとすぐ相手も英語にて返答する。彼らはバイリンガルにまったく違和感を持っていない。ローマ字を習得することで日本人は文法的にかけ離れている西洋語をかなり接近して学ぶチャンスがあることは事実である。このようなローマ字にマッチした便利な語（50音）を発明した日本人に敬服するものである。日本語は漢字の他に音語（ひらがな）を用いることで動詞に変化をつけることができる利点（フォネティックと50音は同じ）がある。

　読者はローマ字の50音を見て気付いているかもしれないが、最初は「あ」から始まっている。そして最後は「や」、「ら」そして「わ」というように、それはまるでアルファベットのようである。そしてひらがなでは50字あまりになるが、ローマ字だとa.i.u.e.oとk.s.t.等の子音を加えれば50音が出来上がり、非常に合理的である。いや、むしろローマ字の方が簡単である。50音は明覚という宗教家が平安末期に発明したといわれている（「広辞苑」）。彼がサンスクリットの経典からヒントを得て創り出したことは非常におもしろい。明覚和尚は貴族の中でもてはやされた仏教を50音を用いて世俗化し、民衆に広める鎌倉仏教の先駆をなした。それはちょうど同時期に、西洋でカソリック教がドミニコ派とフランシスコ派に分かれて辻説法を用い大衆の中に入っていったのと同じである。またその500年後、マルチン・ルターがラテン語の聖書を民族語（ドイツ語）に翻訳してキリスト教を個人化（世欲化）したのと非常に

似ている。明覚はこの2つを一人でこなしたわけで、驚嘆すべきである。ところで、キリスト教と仏教の原点はアーリア系からきているので、我々日本人は知らないうちに西洋文化には、日本の社会（国家）の成立と同時に接触してきたようである。

　50音の基がインド・ヨーロッパ語であったことは、何か西洋語を身近に感じさせてくれるのではなかろうか。特にラテン系（イタリア語、フランス語、スペイン語）はほとんどがローマ字式に読めるから、他のアジア諸国よりも有利だと思われる。ということで、この便利な語を幼年期に覚えることは便利である。日本人は「読み」から英語に入ることができる利点を持っている。あまり知られていないが、会話よりむしろ音読によってその人の英語力が判断されることは世界の常識とも言える。

　英語の学習では日本人にとって発音が難しいと言われるが、自国語にない発音があるのはなにも日本人に限らない。ラテン系はthの音を持っていないのでそれなりにむずかしい。日本人はLとR音を聞き分けるのが大変だが、これは耳の成長期にこの微妙な音の違いを習得することと、また聞きながら幼児は唇（主に母親）の動きをしっかり見て発音を繰り返すことで達成する。我々は今でもこの発音の違いについては舌の動きを重要視するが、実際は唇の動きの方が大切である。L音は唇を一文字にしてla. li. lu. le. loを、そしてR音はなるべく唇を丸くすることでra. ri. ru. re. roの音がのどから発生される。実際に私はアメリカで英語の教師から個人的に学んだものである。この発

音に苦しんでいるふびんな日本人を見て、先生は私に何度も唇の動きをあきずに訓練させたのが今でも思い出される。

　b．アフリカンイブ　第三の証明　言語を持ってアフリカを出たヒト

　この小論の中で唯物論（物質的機能優先）と論理法（簡単明瞭、理路整然とした説明）を実際にみていこう。物質的な条件が揃わないのに言語の脳ができたとか、生まれながらにして言語の要素をもっているヒトなどといった観念論を否定していくには、きちんとした事実の裏づけや実験等で証明していく必要がある[4]。

　第一の証明は、1987年にカリフォルニア大学バークレー校で、生科学者アラン・ウィルソン教授のグループがDNAを基に人類の進化を解析し、「アフリカ起源説」つまり「アフリカンイブ」を発表したことである[5]。第二は、すでに一般化している今から4.5万年前の中近東の洞窟から発見されたムステエ文化の化石を言う。この化石は、同年代に住んでいたネアンデルタール人の化石とは質的に違うことが判明している。著者が勝手に「第三の証明」と呼んだのであるが、30年以上言語に携わる者として実験（声帯の動き、唇また舌の動き等）した結果、このような理論に達した。余談であるが、英語の発音は舌の動きよりも唇の動きをしっかりとらえることが重要である。日本の教科書は舌の動きを重要視するが、これを気にしてはしゃべれない。

ア．直立人間の誕生

　通説では、人類は600万年以上前にアフリカ大陸の東部において南北約2100キロ、東西約100キロにわたる裂け目（大地溝という）の中で生まれたと言われている（図1参照）。地球の大地はマグマによる地殻の変動によって常に移動しているが、この大地溝はきちんと大陸を二分するに至らなかった。数億年前にアフリカ大陸から分離した大陸は、今南アメリカとして北アメリカ大陸と連なっている。この地殻の変動で、この大地溝内は以前（今のコンゴ周辺の森林のように）は広大な森林であったのが、しだいに木々が消滅していった。他方、東側の大陸は大地溝によって気候が一変した。大西洋からの湿った空気は大地溝によって遮られ、サバンナ気候へと変化した。当然、その地に住んでいた動物たちはこの環境の激変に対応を迫られた。

図1　人類の発生と移動

広大な大地溝の中で森林が消滅していくと、当然樹上生活していたサルは地上に降りてこなければならない。かつて一番弱い哺乳類である豚の仲間（ヒトの脳は豚に似ている）が、地上を追われ海へ戻されて鯨、イルカ等になり、樹上へ逃れた豚は数千万年を経て立派なサルの種となった。しかし、大地溝のサルは再び地上へ戻らなければならなかった。まったく木々がなくなると、このサルは四本の足で移動するよりも二足歩行を選んでいった。このような身体の変化をいくつかの例で説明できる。日照りになった池では、魚はエラがしだいに足に変化し、地上生活をするようになった。それによって爬虫類の脳に新皮質が備わり、哺乳類へと変身する。この脳は、地上空間を歩くために瞬時に距離を測る三次元のイメージを作れるのが特徴である。樹上のサルはさらに逆さまになっても正常な位置を保つことや、すばやい移動での木々間の距離、安全な枝類を瞬時に見極める高度な脳をもつにいたる。

　最近CG（computer graphic）による古代爬虫類（恐竜等）の画像が頻繁に見られるようになったが、これらの生物自体に異論はないが、その背景が恐竜時代とまったく違っているのが滑稽でならない。幼稚な画像としか言いようのないものである。巨大な恐竜が砂漠のようなところを走り回ったり、今日あるような樹木の中で生活しているのが見られるが、彼らはいったい何を食べていたのであろうか。食肉獣は草食獣を食べるが、後者の餌は私の知るところによるとシダ類のはずであった。うっそうと茂るシダの森なくして巨大な爬虫類は生活できなかったはずである。

その中で一番弱い種は陸上を逃れ、シダ（木でない）の間を飛び跳ねることでしだいに生えた足を翼に変化させていった。それらが樹上（シダ）で生活できなかったのは、森林と違いシダそのものが多年性でないから長期滞在は不可能だったからである。これで、なぜ鳥の脳が爬虫類に似ているか察しがつく。ところが今でもある科学者たちは鳥は地上からの発達説を考えている。

　急激な環境（気候と地形）の変化は、一緒に住んでいた森の仲間の袂を分かつ結果となった。東側へ分断されサバンナ気候で強いられた動物たちは、わずか数百万年でみずからの体を巨大化していった。サルもヒヒのように、わずかに残った木々と陸地とを利用して生活することになった。ヒトはやがてその昔の仲間と遭遇することになる。だがその前に、大地溝のヒトの生活を見ていこう。ここで強調したいのは、今のサル（チンパンジーも含めて）をどう研究しても、人間の実態はわからないことである。この物理的な環境が、サルの体を支える手から道具を作る手に変えていった。四国地方のサルが餌を抱えて数メートル歩いたり、手で芋などを洗ったりするのを見ると、遠い昔のヒトの姿を思い出す。また、マダガスカル島のサルは二足で走ったりする。当然サルにとって地上では四足を使って逃げ回るよりも二足で走ったほうが速く生き残ることができたであろう。

　二足歩行で自由になった手（前足）は物をつかむ、握ることができる。最初は敵から守るために石などを放ること、そしてしだいに棒切れなどを用いて敵から守ることや

餌を採ることを学んでいった。ヒトは自由な手でまず2つの発見をした。1つは火を操ること、そしてもう1つは石器である。この2つによって自らの生活をより自由に、また広い行動を可能とさせたであろう。特に類人猿のアウグスピテクスからホモニドまでの石器の発達は、また自らの体を変化させた。石器によって餌を細かくできるので、犬歯の役目はなくなってくる。そのことは顔面を変化させ、顔が扁平となり犬歯のなくなった歯は次第に円形となってくる。それはヒトに、唇と舌の動きを自由にさせていった。ここでヒトの言語が持つ3つの機能のうち2つを獲得した。母音を作る唇と子音を作る舌である。ところが、言語の基本となる「イ音」を作り出せなかった。それは声帯がほんの少しだけ落ちてくるのを待たねばならない。

　「イ音」がどう作られるかの実験は、読者の方も簡単に試せる。まず、犬のように四つん這いになる。そして頭の角度を変えながら「イ音」を発声してみよう。顔が地面（床）に面する場合だけ「イ音」が可能である。人でいうと、脊髄が垂直となって顔が真正面を向いている場合である。それは、声帯が首の骨と垂直となっているために降りているから可能なのである。ところが頭を持ち上げると、「イ音」は発声されない。これは、声帯が気道と食道の位置にあるためである。ふだん動物は顔を地面に向けて生活しない。またヒトの乳児や動物たちが食べるのと息を吸うことができるのは、声帯の位置が固定されているからである。声帯の位置が変化するまでに最初の出アフリカ人から約200万年あまり経なければならない。

大地溝に雨が降り（森林を作り出すほどでないが）、やがて水がたまりだすと巨大な湖となり、そこに生息していた動物は移動を迫られる。ナイル川が作られるまでこの地溝の中でどれだけ水嵩(みずかさ)が増加したかわからないが、ヒトは水中で生活できないためにより安全な大地を求めて移動した。今のエチオピアやタンザニアに生息していたヒトは袂を分け合って、あるグループは大地溝の北側から今の中近東へ向かい、そこからかなり広い範囲にわたって分布していった。この出アフリカの第一陣をネアンデルタール人系と呼ぶ。彼らは、今から約200万年前に石器と火の使用の技術をもってアフリカを出た。言語を持っていなかったのは彼らの体型がまだ垂直でなかったことで証明できる。

　もう一方、地理上北へ行けなかった種族は、東側のサバンナで生きることになる。今のエチオピアからルワンダにかけての広大なサバンナで、ヒトは森林を失った以上の環境の厳しさに見舞われる結果となった。彼らを待ち受けていたのは、かつての森林の仲間であった。しかし、数百万年後に再度出会ったときには、猫類はライオンやヒョウのような猛獣となっていた。今でも森林に住んでいる象は非常に小さいが、サバンナ地方のアフリカゾウはこれらの猛獣に対抗して非常に大きい。ヒヒ類も鋭い牙と集団行動で充分サバンナ生活ができている。このようなところでは、棒切れや小さな石器だけを持つヒトは何の防護策がなく、ほとんど無抵抗のままかなりの数が猛獣の餌となったと想像できる。

イ．口承文化（生きた化石）を持ったサバンナの人種

　一般に言語の機能はと問えば、意思伝達の手段と即座に返ってくる。しかし、人間だけが意思伝達機能を持っているのであろうか。ノーである。動物たちが何かを伝えるにはいろいろな方法を持っている。相手を威嚇する態度、愛情を伝えるしぐさ、危険を知らせる泣き声等はすべて伝達手段といえる。したがって、伝達手段としての言語は他のものより精確でより詳しいと思われるが、それは人間の同種間での話で、多種の動物でもその伝達機能でお互い充分生活できている。言語が人間にとって重要になるのは、人間が記憶を持つことにある。そして、その記憶を他人に伝えられるのは人間の言語にしかできない。例えば、昨日犬が居間でおしっこをしたことがわかっていたが、何らかの事情で叱ることができなかった。次の日その犬を居間へ連れてきてそのことを話して叱っても、犬は何のことかわからない。動物に教えるにはその場でしかやりようがない。しかし、人間は言葉を使って過去の話を永遠に語ることができる。それは思考することでもある。そして、唯物史観は、思考が前頭野の発達の後で生まれたのでなく、その言葉の発達過程で生まれ、またその思考の刺激によって前頭野が肥大化していったのであると定義づけられる。

　あまり脳の発達だけを基準に人間を定義づけると、あたかも霊長類の最高に君臨しすべての動物にランキング付けをしていくようになる。下等、高等動物などの呼び方はその生物に対して失礼きわまりない。すべてのものはその存在に価値がある。人間の言語の発達過程を研究すること

で、人間が他の動物とかけ離れた存在ではないこと、一歩間違えれば他の動物のような自然な生活ができなくなることを、我々は知らなければならない。言語でヒトは人間となるが、言語は社会の中で生まれるのであるから、ヒトから人間への飛躍はきちんとした社会（共同体）が存在しなければならない。だが、日本は今、封建社会から工業社会への過渡期にあり、正常な言語を生む環境ではないようだ。

　カリフォルニア大学バークレー校のウィルソン教授が立てた、「現代人」はアフリカの女性にその起源が求められる説[6]は、これから話す第三の証明によって再確認できる。それは、サバンナ地方で古代から伝わる口承文化という「生きた化石」である。今でもこの地方のブッシュ族等の女性は、朝目が覚めてから夜寝るまでほとんど話しっぱなしの生活を送っている。これは、文字もなくサバンナではあまり記号（オーストラリアの絵文字等）を持てなかった民族がいかに文化を継承していくかを示している。この文化にはもちろん生活儀式も含まれているが、最初は狩猟の仕方などの生活そのものの伝承であったに違いない。特にサバンナに住む人たちは、水についての知識（場所など）を忘れたら一族絶滅の危機に立つのは予測できた。後に言語を持ったクロマニオン系の人種は、サバンナで生き残った経験を氷河期を迎えた中近東で生かすことができた。言語によって雪原での動物たちの習性を伝え合って獲物を追い掛け回して移動する姿は、ちょうどサバンナで動物を追って生活していくのと同じであった。ところがすで

に定住していたネアンデルタール系の人種は、動物（食料）が来るのを待って狩りをする習慣であり、言語がなく、雪原へ自ら乗り出すことができなかった。彼らは洞窟の中で座して死を迎えるしかなかった。クロマニオン系は言語を持っていたおかげで、数万年におよぶ氷河期を乗り越え、一部は中東地域からはるか彼方の東（洋）へ向かったのが５万年ごろといわれている[6]。

　現代人の先祖がアフリカを出たのは20万年前ごろといわれるが、それまでは当然猛獣たちの住んでいるサバンナで今日の狩猟採集生活をしている人たちと同じような生活をしていたと思われる。彼らが大地溝を出たあとの過酷なサバンナでの生活はどんなものだったか。いくつかの物理的な証明が必要となる。

　大地溝の中では猛獣のような捕食動物がいなかったので、日中は昆虫類を探し回り、夜はどこでも寝ることができた。しかし、サバンナでは夜は猛獣たちの活動時間であり、日中は暑すぎて生きられる環境ではなかった。そのために、ヒトは全身の体毛をなくすことで、体全体から発汗できるように変化させていった。その間、数百万頭ものヒトが獣の餌食になったと思われるが、体毛を捨てたヒトは日照りの炎天下を歩き回ることが可能となった。今でも生き物で炎天下を動き回るのは人間だけのようだ。これによってヒトは、ほとんど素手で野牛やキリンのような大きな草食動物を捕獲することができた。８年くらい前に筆者は、ＮＨＫのテレビ番組で実際にアフリカの原住民がこの狩りをするところを見たことがある。木陰に涼んでいた野

牛の群れから一頭めがけて石を放り投げ、炎天下へ引き出し、後はその牛が日照りで倒れるまで追い続けるだけ。この狩猟者は水がどこにあるか知っている。地下30センチメートルくらい掘ると水が出てきた。また、食料となるイモ類も追いかけながら探しだすこともできた。やがてその牛が倒れると、細い槍でとどめをさす。その後、ナイフで解体し、肉類を両手を使い、頭上に載せて数十キロもの道を帰ってくる。私はこのテレビ番組で、言語の発声に２つのヒントを得た。１つは、直立歩行から垂直歩行へどう移行したか。もう１つは、なぜサバンナで猛獣たちと共存できたかである。

　すでに直立歩行ができたサバンナのヒトは、炎天下しか行動できなかったために、片手で物を頭上に載せて日射をさえぎりながら動物たちの食べ残した死肉等をあさっていたであろう。やがて少しずつ、手を使わずに頭上に物を載せて移動できるようになった。これは一石二鳥である。日陰をつくることと、そして両手と頭上で物を持つことができるからである。特に女性は今でも頭上に水がめなどを載せ、片方の手で乳児を抱きながら、もう一方の手で他のものを持つことができる。水がめの底が平らでないのは、古代ギリシャのワインのボトルと同じで、波立つことなくこぼれないためのようだ。そしてこの頭上運搬による脊髄の垂直化で声帯を下げることとなった。これによって言語の基本である「イ音」の発声が可能となった。

　もちろん最初は単純な言葉であったが、それでも「過去」のことを話せることは人類にとって画期的なことであ

った。言語は記憶をつくり、自分で語り継ぐことで思考となる。ヒトはこの言葉のイメージ（記憶）を前頭野の中に収めるようになった。陸上生活となった哺乳類は視聴覚部分の新皮質（後頭野）を発展させ、樹上生活するサルはさらに手の使用と逆さのイメージを調整するために頂頭野を発展させ、そしてヒトはついに強大な前頭野を持つにいたった。ヒトの脳は生まれたときは500グラム前後であるが、約5年後には3倍ほどの大きさになる。その脳の発達過程で一つの言語を学ぶ機会を逃すと、それ以降スムーズな言語活動ができないようである。これを我々はヒトの第六の本能と呼ぶことができる。そしてこの脳分野は自然に発達するのではなく（大きくはなるが）、周囲（社会）との言語活動があってのものである。今日のように、テレビが子守の役目をするようになると、乳児たちの言語の発達は遅れる。言語による障害は大人になって人間関係でのストレスを起こす元凶である。

　約200万年前に袂を分かって北へ向かったネアンデルタール系のヒトは、その後約100万年の間に地球上のかなりの部分にまで広がったと思われる。それは、約50万年前の北京原人やジャワ原人の化石が見つかったことで証明できる。では、サバンナへ出たクロマニオン系のヒトは、言語を持った後どう生活したであろうか。

　ウ．自己矛盾：言語、組織、人口問題

　群れで生活する動物は多くいる。それは敵から防衛するのに有利であるのが一番の理由だと思う。群れをもって逆に猟をする動物はかなりの脳を持たなければならない。ラ

イオンは数頭で組織的な猟をするのが見られる。サバンナのヒトは片言の言語を持ったことでより細かい意思伝達が可能となり、組織的な狩り（誰がどこでいつまで待ち伏せするか）で生活できるようになった。共同生活はまず猛獣から身を守るために防護策を作って住む、そして狩りのできる動物を追って道具を持って移動する。広大なサバンナでは、水がどこにあるか、あるいは動物の習性を記憶するためには毎日口頭で話さなくてはならない。目が覚めたら女性たちはたぶん一日中一年間の狩猟の仕方、水のありかなどを語っていたに違いない。しゃべらなければ忘れてしまう、そうしたら水のない場所で生きられない。口承文化は、このような過酷な環境の中で受け継がれてきたと思われる。この文化の継承は女性の役目であるが、他方、男性は言語を精緻な狩猟の組織活動に使用したであろう。動物を待ち伏せ、果てしなく追い続けるには数人の連携が必要であり、狩猟した後の分配のしかたなどは言語なくしては無理であり、またさらに言語を発展させることになった。

やがてかなりの時間がたち（100万年以上）、言語を持ったヒトはすでに自分を組織の一部（人間）として自覚するようになる。この言葉を持った集団は指揮者を置き、部族のような社会を形成していく。かつては動物を追って一年中歩き回った生活が、それほど移動しなくなると、人間の再生は季節に関係がなくなる。人間はいつでも生まれることで、人口のバランスがしだいにとれなくなった。近年まで原住民の掟は人口の一定であった。トーテムポールはその重要な役目を担っている。

人口の増加はついにサバンナの大地の許容範囲を超え、今から20万年前ごろアフリカを後にする第二の大移動が始まった。北方へ向かった人間（ヒト）が、今度は石器や火の使用技術だけでなく、言語を持っていた。これが、以前との大きな違いである。人種としても直立し、頭以外にほとんど毛を身に付けていないヒトは、先代のネアンデルタール系とはかなり違ったであろう。つまり、今日のチンパンジーと人間の差ほどの違いといえる（多くの人類学者は異を唱えるであろうが）。

　数万年にわたる氷河期（5万年くらい前）でクロマニオン系（言語を持ったヒト）は大雪原の中でサバンナと同じ行動をとることを迫られる。氷河に耐えられる動物（マンモス象など）だけが生き残り、それを捕食できるヒトが生き残っていける時代となった。これらの動物を狩るには、組織的でなければ不可能である。数十人が動物を追い立てて穴に落として捕獲するなどは、かなり綿密な計画が必要である。残念ながら、ネアンデルタール系のヒトはこの自然の環境には生き残れなかったようだ。しかし、クロマニオン系は氷河期末期でも生活範囲を広げ、中東から東アジアまで（たぶんマンモスなどの動物を追って）進出していった。東洋系（黄色人）と西洋系（白人）とが分かれたのは、わずか5万年前といわれている（図1参照）。そして、この東洋系が約2万年前、まだ陸続きであったベーリング海峡を渡ってアメリカ大陸に進出し、地球はほぼクロマニオン系（アフリカンイブの子孫）の人種で覆われていった。

約３万年前から氷河が溶け出し、アフリカ北部、西アジアでは多様な植物が繁茂し人間も生活しやすくなったが、人間の子供をつくる習性は変わらず人口問題を引きずっていく。植物は１年を周期に再生するが、ヒトは30年で一生を迎えるから、しだいに食料と人口のバランスがとれなくなる。人間は自分自身を改造（？）して自然の過酷さを耐えぬき、ついに言語の力によって、地球上どのような環境にでも住むのを可能にした。だが、そこにはいつも人口問題という自己矛盾が付きまとう結果となった。

　余談であるが、この人口問題を資本主義の矛盾とすり合わせようとする学者もいる[7]。資本主義の中で生まれる失業は人口が多いからではない。過剰人口（失業という）は資本主義の構造のなかで生み出されるものである。日本でも戦前、人口過剰といって、多くの人はアメリカ大陸（主に南米）や満州に永住を求めたが、これも制度の問題で自然内における人口問題ではない。

第4章　西洋思考への招待

　日本人が「12歳程度」を超えるようになるためにどうすべきか、それには日本人の封建的思考を工業文明に合った西洋思考へ移行することである。我々は哲学（西洋思考）を学ぶことで自律し、理性的な行動（甘える幼稚な態度でなく）、そして他人（他国）を理解できる人になれる。日本は古代に農耕経済が成熟し、豪族たちをまとめるための思考法（思想）を大陸から学んできた。今度は工業の発達が成熟し、世界諸国と並ぶと、今までの思考では新しい発想を持つことや、違った考えの人たちとうまく行動することはできなくなる。したがって、工業文明を築き上げてきた西洋思考を取り入れることは、何も不思議なことではない。第4章では、特別な西洋哲学や哲学者の解説ではなく、この思考は何か、またどのような状況の中で生まれ育まれてきたかを説明したい。だが、西洋思考といえども完璧ではなく、成熟する工業文明における矛盾すべてを解決するものとはいえない。

第1節　定義

1．西洋思考とは何か

　西洋思考とは、合理的かつ効率的な思考法と理路整然と

した説得の仕方を兼ね備える思考法である。この思考は、人が潜在的に持つ慣習的な思考を克服し、理屈に合ったしかも効率性（損得）を重視する思考である。その基本となるのは、無味乾燥で人情味に欠けるがはっきりと数字で表すことさえできる（原価の計算）。また、他人を説得するために理路整然とした理論を成立させ、非の打ち所がない討論を可能とさせるものである。

　ａ．「見えないもの」が見える

　"「見えないもの」が見えてくる"と言うと、読者は疑念を抱くことだろう。それでは一つの宗教ではないのか、と思われる方も多くいるかもしれない。しかし、私は誤解を恐れずにはっきり断言できる。西洋思考を学べば、「概念」を持つことで、よりハッキリした「具体性」を頭に描き出し、現実（物質）のものや関係を鮮明に目の前に浮かび上がらせることができる。

　新皮質を持った陸上動物は、すでに体で感じることに反応するだけでなく、目と耳と嗅覚等によって総合的に自分の位置や敵の位置を判断する。これはすでに頭の中で想像していることである。そして人は、言語による訓練でもっと深く関係を理解するようになる。前頭野による働きで会話する相手との話法や態度を変えるのは、脳の中できちんと相手のイメージを作っているからである。町を歩いていて突然ある男と出会っても、その人が自分の父か先生かによってすばやく自分の態度が変わるのは、もうすでに本能として頭の中に絵を描いているからである。

　西洋思考は、そのイメージをさらに鮮明にさせる。合

理、論理的な思考は、今までのようなしがらみ、アーリア系思想（天地創造、贖罪、永劫輪廻、解脱、虚無）や中華系思想（孝、仁、義、徳、道）などから一歩離れてものを見ることができる。我々はすでに過去にこだわらないでものを見ることができ、これが科学の前提である。自然を知る（計る）にも、それが神の領域であったのでは、知ろうとする意思までくじかれてしまう。

　古代の哲学者（パルメニデス、プラトンやアリストテレス等）は現実のものは一刻一秒変化していくことに気付いていた。したがって、人が実際に見ているものはくるくるめまぐるしく変わるので、実際は本質を見逃している。その本質は頭の中にしか見出すことができない。それはできる限りの共通点（普遍性）を見出すことで、その本質を定義（概念の創造）することができる。これがいわゆる西洋思考（哲学）の「見えないもの」が見えるという意味である。

　この思考法を身に付ければ、世界共通となってきた英語など話せなくとも、きちんとした理由（意見）を理路整然と説明することができる。もはや我々日本人を「12歳程度」などと言わせることはできない。

ｂ．合理性

　では、このような思考がいったいどのような環境で生まれてきたのだろうか。まず、合理効率的思考について考えてみたい。何度か私が耳にしたのは、遊牧民の生活の仕方である。古代レバント地方（今のパレスチナからレバノン周辺）に住んでいた民族（ユダヤ人を含むフェニキア人な

ど）は遊牧するために灼熱の砂漠を往来する。一滴の水も無駄にできないため、一歩踏み出すにはしっかりした目的がなければならない。もっとも効率的な足の運び方が命にかかわってくる。一歩踏み出すごとに思考力を身に付けることになる。この思考法がやがて彼らが商人として儲けることに気付くチャンスを持たせたと思う。彼らは遊牧をしながら巨大都市（エジプトとメソポタミア）を発見し、両方の都市へ珍しいものを運んで交換することを学ぶ。やがて儲かることを意識してくると、遊牧生活から離れキャラバンを組んだ商人へ変わっていった。

　いかに儲けるかは、商人の哲学である。より費用をかけないでより多くの利益を得ることは鉄則であり、そのために全知全能を傾けるのは当然であった。これには無駄な行動をせず、また持たないことがもっとも合理的である。フェニキア人の合理的な商人魂（合理的思考）は生まれながらにして習得するものであった。何をやるにしてもちょっと「考える」ことが身に付いている人は、今も生活行動が違っているはずである。穏やかな気候の中で暮らしてきた東洋人とは思考力の差があることは言うまでもない。

　やがてこの民族の運命は、その商人魂（合理性）を持ったことで過酷な道を辿ることになる。それは、鉄器文明が北から渡来したことから始まったようである。今まで二つの巨大都市をキャラバンで結んで商売をしていたが、鉄器の生産をアナトリア人から学びだすと、舟を作って海へ乗り出していった。その行き先は、当時の文化の繁栄を誇っていたミケーネ地域（ギリシャ周辺）であった。レバント

は二つの巨大都市を結ぶルートのほかに、海上で古代ギリシャとも結ぶ重要な拠点となり、それ以来（紀元前10世紀ごろ）この地域の住民は歴史に翻弄されていく。モーセ率いるユダヤ人の出エジプト、紀元前6世紀の約4万人のユダヤ人がメソポタミアのバビロンから解放され祖国の地を踏む。そしてローマ帝国の征服、また紀元11世紀からの数回におよぶ西欧からの十字軍の侵略等である。パレスチナ紛争は今日も世界で重要な課題である。しかし、この商人たち（ユダヤ人、レバノン人）は物資の流通だけでなく、文化の交流を各地域で盛んにしていった。

　フェニキア人の流通は、合理的な思考とエジプトで発明された幾何学（ジオメトリーの意味は土地を測ること）をギリシャに紹介しただけでなく、筆記語も紹介した。この言語（フェニキア文字）はヒエログリフ（象形文字）やカリグラフィー（中国の絵から発展させた文字）とは違って、音を基本としたまったく人工の言語である。今日我々はローマ字読みのフェニックス音読を発音の世界基準としている。この発明は、今のコンピューターの情報革命に匹敵するほどである。この音読言語は、いかようにも書けるし、速く書くこともできる。これを発明した理由は簡単である。商人は他国から多量の物資を扱い、一つ一つ絵文字で書いているわけにはいかなかったであろう。もう一つは、品目の多さと共に帳簿をつけて原価を計算するには、簡素化した言語が必要だった。フェニックス語の発生地レバント地方は、前述したように幾多の災害に見舞われてほとんどその言語の面影が見られないが、この言語がギリシ

ャ語に変形されて歴史上に現れてくる。もちろん、古代のギリシャ人もフェニキア人に劣らず商業（地中海の北部一帯）を発展させていったのだから、この合理的な語を使わなかったわけはない。このように、合理的思考は商人にとって欠かすことができないものとなる。日本でも、儲けることなら思想信条など見さかいなく利用するのが商魂である。日本の商人たちは、クリスマス、サンクスギビング、正月の仏教、道教、神道入り乱れた思想を商売繁盛に利用している。

　c．論理性

　西洋思考の主柱をなすもう一方の論理性も、合理性に劣らずかなり過酷な環境の中で発展してきたものと思われる。論理（logic）の発明は、言語がきちんと整理され誰にも通じる伝達手段となったことが前提であろう。もちろんその語が通じなければ討論できない。このような人たち（主に奴隷）を古代ギリシャではバルバロイ（野蛮人）とみなした。音声言語がギリシャでどれだけ発展したかは、ホメロス（紀元前8世紀ごろの吟遊詩人）のイリアスやオデュッセイアやイソップ（紀元前7世紀ごろ）の倫理寓話集、またヘロドトスのギリシャとペルシャの戦争記（紀元前5世紀前半）、そしてトゥキュディデスの対スパルタ戦争記（紀元前430年から）などを見ると、他の国をはるかに凌いでいるのがわかる。中でもイソップ寓話は、ギリシャ社会の混乱ぶりをとりあげ、巧みな言葉で民衆の摂理を説いていて、そこに論理の原型を見ることができる[1]。

　ソロンの政治改革（負債奴隷を解消した）は有名である

が、この紀元前6世紀はじめの古代ギリシャではすでに商人の台頭で各都市は地主階級を巻き込んだモラルなき競争の社会であったようだ。都市国家として発展したギリシャのアテネ、コリントス、メガラ、そしてテベス等では、土地を私有しその土地の生産物（ぶどうやオリーブ）を売りさばく地主階級と、それを買い付け、穀物との交易に向かう商人との交渉はかなり激しいものであった。すでに生産者は奴隷であり、通常他国から買われてきたが、この商売の失敗は奴隷の所有者自らが奴隷へと転落する。地主であっても価格競争に敗けたり、また作物の不作等でいつでも負債奴隷になってもおかしくない社会であった。今の賃金奴隷（時間給によって一時的に生身を他人"資本家"に預ける）とは違って、また領主や貴族の家事手伝い等の奴隷とは違って、きちんとした価格を持つ奴隷は24時間、身も心も他人のものである。利益を生み出す間は生かされるが、用がなくなれば生かしてくれない。一般市民でもこのような天国と地獄とのとなり合わせの生活は、当然言葉の交渉に深いかかわりを持つようになる。一人ひとりが武力を行使したのでは社会がもたないから、討論の中で対決を迫られる。

　誰もが負債奴隷を避けようと理由をこじつける論理を学びだし、大衆からの賛同を得ようとする。裁判での弁論の巧みさよって負債奴隷の身が免除されれば命が助かったことになる。弁論の技術（論理）はこのような状況下で発展したと思われる。そして、他方で弁論による主義、主張は、やがて民主主義の原点をなすものであった。このよう

な討論での言論がギリシャ哲学を生み出す。討論しながら相手を打ち負かす弁証法は数世紀を経て完成されるが、この論理自身、矛盾を発見する方法なので、やがてギリシャの衛星都市（特にイオニア地方の納税都市）からのいろいろな意見等が沸きあがってくるようになった。その極めつけは、ギリシャ思想が基本とする神話の否定である。

主義、主張ができる民主主義（限られた自由民だけであったが）では、きちんとした理論が重視されることは当然である。神話からでる神の名でアテネから重税を課せられたイオニア地方では、まずその神話自身を否定する哲学が発生してくる。タレスをはじめとする唯物論者が当地から出てきても不思議ではなかった。紀元前6世紀半ばに彼の後、多くの哲学者がイオニア地方から輩出していく。唯物主義（自然の原点を水、火、空気、土等とする）が伝統となるミレーネ派と同じ地で育ちながらまったく違った主義（観念論）を作り出したエレーナ派が、ピュタゴラスによってイタリアの南部に設立された。ギリシャ都市での自由な討論が発生しなかったならば、哲学は創造されなかったのではなかろうか。そしてこの論理学は約2000年も経た後、西ヨーロッパでカソリック・キリスト教を打ち破り、新しい科学を誕生させていく。

2．日本人の誤解

多くの日本人は、西洋思考を西洋の思想（主にキリスト教）と見ているのではなかろうか。もしそうだとしたら、

日本の歴史を見て哲学（西洋思考）を生活の中に受け入れるのが難しいことがわかる。大和国家の建設時に聖徳太子が大陸から新しい思想（しかも同時に２つ）を導入して以来、極端な思想は今まで日本に渡来していない。16世紀後半にフランシスコ・ザビエルがキリスト教を布教したがわずかな期間であった。日本は、国家的な思想の普及であれ、また個人の好み（仏教と儒教をミックスした禅など）であれ、この1400年間儒教と仏教を交互に使い分けて民衆の生活の中に深く関わってきたようだ。このように長い年月と生活の一部となっている中に、キリスト教として西洋思想が紹介されることはほとんど不可能である。

　隣の韓国ではキリスト教はかなり布教されているようだが、伝統的な宗教国インドや儒教国中国ではキリスト教の人口は少ない。だが、西洋思考を受け入れる態勢は充分整ってきている。彼らは宗教（思想）と西洋思考との違いをしっかり見極めることができたと思う。日本もキリスト教など気にせず良い考えはいただくという姿勢をとっていかなくてはならない。

　日本が西洋思考を受け入れなかった理由はすでに第２章で述べているが、ここでは思想の面から検討してみたい。日本は敗戦国となっても西洋の思想を受け入れてこなかったが、これは驚嘆すべきことである。そこには、前章で述べたように、戦勝国と敗戦国との思惑の違いがあった。戦勝国は征服が目的でなかったとはっきり証明できる。おかげで、日本的思考（年功序列や終身雇用等）が工業の発展に功を奏して第二の経済大国になったことは、それなりの

意味はあった。首切りなどなく安定した昇給による雇用は国民に働く意欲を与えたに違いない。この場合、仏教思想でなく儒教思想の孝、仁、忠などの思想が発展する会社に大きく貢献するものであった。会社への忠誠心は会社あってのわが身、そして家族ということで、きちんとしたその思想を入社してから一人ずつ教え、育て上げてきた。このような生粋の会社主義を、いまでもバブル前に入社した労働者は持っている。しかし、バブル後は会社の姿勢が激変してきた。

　日本経済の崩壊で会社は生き残るために今までの儒教思想を捨て去り、なりふり構わずコスト削減だけを目的とするようになった。もうすでにビジネスの世界では日本の思想は昔話となってしまった。このような思想がまだ残っているとしたら、官僚の世界ぐらいであろう。今まで入社してから会社人間に育て上げてきたのがここにきて社員教育を外注にまわしている企業が増えてきている。この事実が日本の思考形態に大きく影響を与えることは確かであるがまだはっきりと西洋思考の導入を意識して受け入れてきているとは言いがたい。

　今まで日本の企業は国家の庇護のもとで成長してきたがバブル経済の崩壊の後、この長い20年間違った思考を模索してはいる。国家の制度（関税や産業保護法等）に守られてきた企業、また互恵主義でできるだけ競争をなくし肩を寄せ合ってきた企業集団が「傷をなめあって」もんもんと嵐が過ぎ去るのを待っているのでなくこれからはもっと積極的に世界へ打って出る覚悟が必要である。世界での競争

に打ち勝ちなおリードしていくにはそれに耐えることのできる西洋思考を学ぶことが必須の課題である。

3．西洋思考論

　競争に打ち勝つための合理性思考と命をかけて他人を説得する話法（論理）が生まれた状況は前節で述べたが、この思考は今の資本主義社会で充分使えることをここで説明していく。合理的思考では科学を生み出し、論理的思考では論法の訓練から派生して「全体」からものを見る方法で日本人を「大人」に成長させてゆくはずである。さらにこの論法は、創造力さえ身に付けさせてくれる。
　ａ．論理的思考
　論理的思考を身に付けるには、いくつかの思考法を学ばなければならない。
　ア．弁証法：古代ギリシャでは討論に打ち勝つために発展したようだが、この思考法によっていつも疑問（何が本当か、なぜ、どうして）を沸き起こす。これは新しい発見の前提となる。もちろん、討論では相手の意見を否定するのであるから、主義、主張を述べたてることができる。これは民主主義の前提でもある。それはまた相手の話もしっかりと聴く能力も習得することができる。
　日本人は結論（イエス、ノー）を最後まで引き伸ばし、理屈をえんえんと述べまくることで人の注意をひきつけていく習性を持っている。逆に、結論を先に言ったら、態度を一変させ、理由を聞こうとする姿勢が見られない。これ

では討論する資格がない。弁証法では特にソクラテスのアイロニー（皮肉）が有名であるが、ソロンの時代からすでに討論の場で用いられてきたのではなかろうか。だが、弁証法を哲学として認識されるのはタレス等のミレーネ派の唯物論がアテネの神話を否定するところから始まったと見られる。この論理の頂点に位置する弁証法は制約はあるがアテネ周辺では民主主義（主義、主張する思想）を擁護する弁論として紀元前4世紀末期まで盛んであった。

やがて2000年あまり過ぎ、ドイツの哲学者ヘーゲル[2]によって弁証論はきちんとした哲学の一部となった。彼の特徴はものごとの過程を円と直線との中庸をとったことである（図2参照）。量の限界から質への転換、また歴史の必然性を理論づけたことは哲学の大きな飛躍であった。しかし、彼は自ら生活していたプロイセン国家を否定することはしなかった。国家の繁栄が頂点に達した後はどうなることかを彼は言っていない。この後、この論理を形而上学だけでなく物理面でも応用できることを説いたのがマルクス、エンゲルス等の唯物弁証論者たちであった。まず弁証法を実践し次に唯物弁証法を定義付けてみよう。

「弁証法の実践」：発展の法則を知る（図2参照）。

この三つの図は、思想を持った思考法である。1はアーリア系思想で、ユダヤ、キリスト、バラモン、そして仏教等が含まれ歴史の発展を直線と見ている。どこまでも直線であるが終わりがくる。この思想は、過去の存在にしたがって未来の存在を認めている。今日の存在は過去によるものでまた未来へもつながっていく。輪廻転生や天地創造、

贖罪などの思想が含まれる。

2は円を和（調和）と見る思想である。古代中国で発生した道教が主で儒教、陰陽などが含まれる。中央集権国家の基で農民が逃亡を繰り返さないように一箇所に定住させるための思想である。家族の安泰、繁栄、また義や仁、孝をもって人に接する倫理的な思考である。

3はいくつもの山が重なりあっている。あるものの発展は必ず限界がくる。そしてその消滅とともにすぐに新しい時代がやってくる。量的な縦軸と質的な横軸は弁証法的思考の特徴である。弁証法的思考だけが自らを否定するために発展させることができる。

唯物弁証法とはあるもの（物体、組織、体制の概念を持つもの）の中で量の増加がある一定（例えば生産性、人数、資本金等）を超えるとそれ自身変化をきたす。反対に外部からの衝撃（征服等）で一時的にはそれを変化させるがそれ自身真から変化するものではない。また、それが発展するためには否定はやむをえないものである（これを一時的な破壊、革命または弁証法という）。日本を例にとると、日本がまだ本当に民主主義国家となっていないのは、アメリカから押し付けられた民主主義であり、国民が自らの手で勝ち取った民主主義ではないからである。

図2　思考法

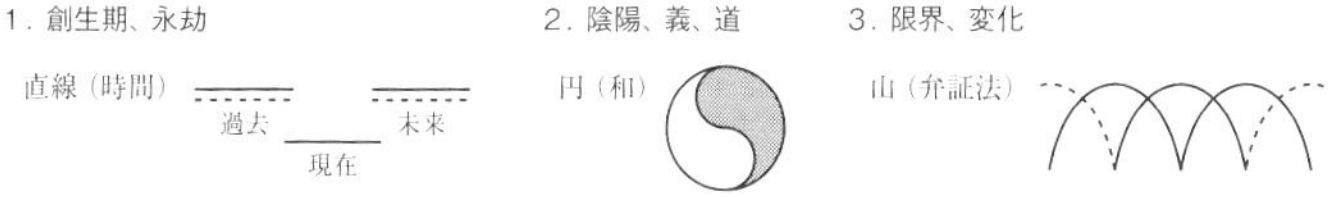

1. 創生期、永劫　　　　　2. 陰陽、義、道　　　3. 限界、変化

直線（時間）　　　　　　円（和）　　　　　　山（弁証法）
　　過去　未来
　　　現在

物理の弁証法(4)の例をとると、水は摂氏0度で氷になる。そして1気圧で摂氏100度になると沸騰するが、水蒸気になってもその成分は同じである。このようにそれ自身の変化を弁証法と呼ぶことができる。
　「人と自然との生産関係の変化」
　森に住んでいたヒト（サル）は大自然の突然の変化（地割れ）により地上へ降ろされ、またその地溝を追われ、サバンナの過酷な環境で消滅寸前となったが、自らを変化させて（皮膚の毛を脱ぎとった）毅然と自然に立ち向かってきた。ヒトは長い自然との闘いの中で本能的に自然に対する恐れや敵対心を身に付けてきた。やがてヒトは言語を作り、社会を作ることで、自然との闘いに生き抜く方法を見出した。そして、ついに人工の動力源（蒸気機関、電動機、内燃焼機関）を発明したことで自然からの解放を勝ち取ることができた。もはやヒトは地球上ほとんどあらゆるところに住むことができる。この動力源は簡単な技術でだれにも操作でき、どこにも持ち運べ、そして24時間365日燃料さえ注げば稼動している。それはすでに自然の限界を越え、ヒトは自然との生産関係をまったく変えてしまったことを意味する。今まで自然に虐げられたせいかヒトはこれらの動力源を使って自然を果てしなく破壊しているのが今日である。ヒトは自然を否定したのであるが残念なことにヒトも自然の一部（生身の体）であるためにヒトが作ったものから被害をこうむっている。弁証法を学ぶことでどのような関係が適切かを見ていける。

「生活の中の弁証法」

　あなたは公園の中で10円硬貨を見つけたと仮定しよう。たぶんそのままにしておくか、小額なので罪の意識なくポケットにしまい込むかもしれない。交番へ届けても、おまわりさんは違う10円硬貨を代わりに差し出してくれるかもしれない。ところが100円ではどうだろう、まだ日本では小額かもしれない。しかし、1000円あたりになるとかなり心が動いてくる。失くした人の身になったら気の毒である。まして、これが１万円などになると躊躇なく交番へ届けるのではないだろうか。もちろん個人の良心の度合いにもよるが。これなども量から質への意識の変化を表している。どこまでなら許容（範囲）するかという自己判断は自律を養う上で非常に重要となってくる。西洋人はこの点合理的にものごとを臨機応変に処理するのになれているようだ。

　災害救助では被害者の状況をランク分け（量的分離）して助かる人を優先して救助しているが日本でもやっとこの方法がとられるようになった。また試験の採点はそのクラスのレベルの60〜70％を平均値ととれば生徒はやる気をおこす。暗記の訓練ではある回数の限界を超えると半永久的に覚えていることができる（これはたぶん、短期記憶脳の海馬から前頭野へ移行するからだと思われる）。私は自らの経験からどんなことでも百回繰り返そうと試してみる。それを超えても憶えられないのは私自身の脳の限界を超えているのであきらめることにしている。

　イ．三段論法：アリストテレスの論法として有名でこれ

は結論(定義)を先に述べる西洋思考の典型である。その後その結論を証明またサポートする例や事実等が列挙されていく。この列挙(第二段)で読者、聞き手をいかに魅了していくかは話者の力量による。そして最後(第三段)に再度結論であるが意味は同じであっても違った言葉や言い回し方を用いる。例をとってみよう。

「犬」

　犬とは狼から派生し古代から人間の生活にもっとも馴染んだ動物である(第一段)。犬は雑食で人と同じものを食べる。人は犬を育てながら生活の一部に利用している。番犬、あるいは羊の世話、狩猟犬など、そして最近は屋内で飼われペットとしての役目が多くなっている(第二段)。したがって、犬は狼に似た動物ではあるが人間の生活の一部となってペットや介護等に欠かせない動物である(第三段)。

ウ．分類法：概念の創造

　分類法もまたアリストテレスの功績と見られている。これは論理性であるがまた合理的な思考の典型的な面もある。課題や問題を整理する上で関係のあるものだけを取り上げる、そして強調する点や比喩的にものを交えて聞き手の注意を引く等戦術的なこともする。もっと大事なことは分類していくうちにより課題の主旨が見え「概念」を創る基になることである。さらに、分類法では解答を見出すこともできる。問題を徹底的に追求することで明確化しそれはまた解答を引き出す機会にもなる。基本的に「問題が明確になれば

すでに解答は来ている」と言われるゆえんである⁽⁵⁾。

　概念の創造はプラトンによる「洞窟の中の影像」⁽⁶⁾が有名で彼が最初に創造したといわれているが彼の「概念」は変化を伴わずやがて観念化していった。彼はもともと唯物論者ではなく貴族出身の弁証論者であって知覚的な変化にうんざりしてもっと永久的な理念を持ちたかった。抽象的な理念に具体性を見出すという知覚では見えないものが概念を創り上げているという哲学上最高の理論を創造したことは驚嘆すべきものである。

　分類法の実践は実際に文章をつくることで身に付けられる。しかし、同じ文章でも日本の学校で学ぶ「感想文」は論外である。日本人はいくつになっても幼稚である所以はここにある。

実践[7]

文章つくりの過程：概念の創造

1．話題の選出。
2．関連するものを頭の中から引き出すことを、英語ではjotting down（書き記す）というが、日本人にはまったく馴染みのない方法である。日本の先生は"「頭の中」でよく考えてから書き出しなさい"と言うが、膨大な情報を頭の中で整理することは不可能だからまず紙面に書き出す（箇条書き）ことが重要である。もう一度強調したい。何でも思っていることをとりあえず紙面に書き出すこと、そして必要でなくばかば

かしいと思ったものは後で消せばよい。
3. 関係、関連するものをくくりだす。これがいわゆる分類である。そして、分類ごとに番号をつけていく。同じ科や同じ性質、特徴などをまとめることで一般性（普遍性）を見つけ出す。
4. 次に草案（drafting）である。これは粗雑な文章化である。字数（英語は語数という）が決まっている場合はここで選別する。また足りない場合は例題などを加えて調節する。この過程で話題が与えられていない場合、最初のとは違うことがある。それは自分自身で概念を創造したことになる。
5. 最後に清書である。通常の論説は三段論法が一番わかりやすく便利な方法である。

西洋の教育で一番重点を置くのは文章つくりと思われる。文章の達成は他の精神的な発達を促すからである。書くことで思考力が養われものごとを客観的に捉えることができる。また、理性的な判断を持ち自律した人間性を養うこともできる。日本人は今、漫画の世界に入り浸っているようだ。このような薄い浅はかな文化では、思考つまり哲学が育たないのは当然である。これではますます世界から取り残されていくような気がしてならない。

　実践　ニスベット氏批判

あなたは西洋型思考ですか、それとも東洋型ですか。図3はニスベット氏の著書「THE GEOGRAPHY OF THOUGHT」[8]を参考にしたものである。ニスベット氏に

よると、鶏（A）と牛（C）との関係を選んだ人は西洋型、草（B）と牛（C）との関係を選んだ人は東洋型思考を持っている。彼は実際の調査に基づいて結果を述べているのでかなり説得力を持っている。どちらがより多くの関連（普遍）性を持つかで論理的な思考を組み立てることができる。ちなみに、私の見解では（B）（C）の組み合わせは東洋人独特の感情的な関連であるかもしれない。

図3　下の三つの絵のうち、関係する二つを一緒にするとしたら、何と何を選ぶか。

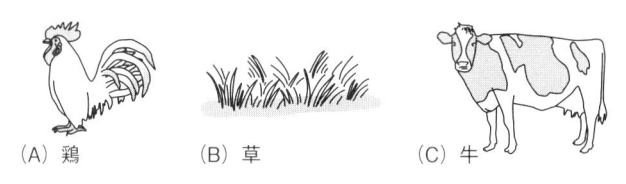

(A) 鶏　　　(B) 草　　　(C) 牛

　この論理的展開についてはニスベット氏に同意できるが彼の著書の中で2つ同意できない点がある。1つは、翻訳のタイトルになっている、「木を見る西洋人　森を見る東洋人」の概念である。私の意見では、西洋人は大きく2つに分けることができる。ニスベット氏のように部分的視覚で捉えるプラグマティズム思考と、全体を把握する「概念」を作り出す思考である。前者は、イギリスの思想家フランシス・ベーコン（1561〜1626）あたりから理論化され、アメリカに持ち込まれてアメリカ人の短絡的な思考と結びついている。現実的であるが論理性に欠ける。後者は、大陸的思考といい、フランス、ドイツでもてはやされる思考である。観念論と具体性とが入り乱れる複雑な思考

といえる。したがって、「木を見る」現実的な西洋人は現実派のイギリス、アメリカ系と呼ぶことができる。

　また、「東洋人は森を見る」ことに賛成できない。彼らは森から一歩も出たことがない。東洋の思想（儒教）では、森（共同体）の中で仁、孝、そして和を持って延々と生活している。「森」が見える思想はプラトンの「洞窟──」の概念を持ち出す以外にない。木々の集合は「森」ではないからである。

　もう一つ同意できない点は、「地理性がそこの住民の思考を決定付ける」という氏のメインテーマである。地理性が思考を決定するのでなく、生産様式が決定することは私が再三述べてきた。鉄器文明での分業による階級の分化と宗教の発展、工業文明での全体から部分の見方等は、地理性では説明がつかないことは当然である。

　エ．演繹帰納法

　　演繹は一つの定理から論理を重ねていく方法である。しかし、推論していくものだけでは他者を説得させることは難しい。なぜなら、独りよがりの理論となる。簡単にいうと、2＋2は4である、4－2は2であるなどは、自明の論理である。だが、これはある公式（これも演繹であるが）の事実（帰納）に基づくもので、完璧な演繹などはありえない。

　　帰納は事実から入っていく論理で、事実や経験だけを述べ立てると論理の展開が困難となる。経験主義や実利主義を尊重する多くのイギリス人は、この帰納法を本能的に使いこなしている。ニュートンやケインズ

などは一見演繹論を用いているが、ニュートンは若いころ、あるものから金を作ろうといろいろな実験をしたことがある。錬金術で失敗し、しばらくした後彼は金利の複利計算から乗数理論を編み出したようだ。ケインズについては彼の金欲（武器工業に自分のお金を投資する）が有効需要論を作り出したように見える。

このように演繹と帰納は交互に論ずることで他人を説得することができる。例をとってみよう。「失業」では演繹と帰納が交互に出てくるように論じている。
「失業」は現代社会で必然であるか。

失業とは資本主義的生産様式の中で発生する最大の矛盾で国民の大多数が占める労働者を苦境へ追いやる以外のなにものでもない。よく昔から「土方を殺すには刃物はいらぬ雨の三日も降ればいい」といわれるが自分の労働以外に生活する術がない労働者は自ら作ったものが過剰生産によって失業に追い込まれると「首をくくる」ことにない。資本家はしばらくの間手元の生活費で暮らし過剰生産が捌けるまで機械を休めておける。しかし、生身の労働者は機械のごとく「食わない」で過ごすことはできない。

かつての封建制度では命は保証してくれたがこの資本主義制度では誰も保証しない。資本家に責任はない。彼らはきちんとした契約で雇用し必要でなくなったら契約を解除するだけである。一人ひとりの資本家を殺人者呼ばわりはできない。しかし、事実としてこの12年間続けて3万人以上の自殺者が日本では出ているが、約80％近くが経済的な理由によるものである。失業だけの理由でどれだけ自殺す

るのかはっきり数字としては出ないがかなりの人は「失業」によって殺されているのではなかろうか。

　一方で首切りを抱えた社会が他方で未曾有の富を築く人々を出現させていることは身辺の情報やニュースを聞いてもわかる。それを座して見ているだけなのか。仏教の虚空や解脱の心境またガンジーの思想の無抵抗主義でこの世が治まるとよいのだが。しかし、いつまでたってもこの不公平さはなくならないし、むしろ逆に増えている。

　資本家の言い分を聞いてみよう。「私は商売をして利益を上げている。別に労働者を強制的に虐げているのでない。」と返答する。個人個人の資本家が認識するのは確かにそうである。彼らは労働者が生産した製品を持っていただけでは利益にならない。流通の中でそれを自らの「手」で売って儲ける。「商売」の才能が資本家に富をもたらすのである。しかも、「この儲けた利益で労働者を雇ってあげている」と誇りをもって述べる。まるで商売の利益を資本家と労働者が分け合うように見えてくる。果たして、商売（ある商品を次の資本家に売り渡し、またそれを次の資本へ、これではものは増えていない）の競争だけで未曾有の富を築けるのか。

　巨大な資本家の富は資本家たちのあくなき競争の前にすでに出来上がっている。労働者が生産した製品がなくては資本家全般の「富」にはならない。生産過程の中で賃金よりも数倍多く働かせて（生産させて）、その製品（量）から実際に労働者へ支払った（生産コスト）残り全部が資本家のものであり、これを市場で売り払って彼らは利益を得

る。この剰余価値（労働者への未払い分）なくしては資本家（階級として）たちの膨大な富の蓄積は不可能である。

　資本主義的生産様式は非常に複雑でその搾取構造は２重となっているためにこの矛盾を見出すことはかなり困難を要する。２重とは流通過程の中で資本家と労働者が売買をすることで（実際は労働を他の商品同様にお金と交換できないが）、これはまったく対等な関係である。そして、労働者は契約通り（例えば、８時間8000円で、しかし実際は倍近くの生産をする）のことをして賃金を受け取る。これはまったく法にかなった商行為である。だが、再度契約がなかったならば労働者は路頭に惑う、いわゆる「失業」であり次の仕事にありつくまで何とか食いつなごうとかけまわる。

　労働者はまた消費者でもある。自分たちが作ったものは一応資本家の手元に入るがそのままでは利益とならないためにその生産物（製品）を商品として市場へ出す、そしてそれを買うのは労働者そのものである。もし労働者が製品を生産した全部の賃金を受け取っていたら供給（生産）と需要（消費）が一致するので過剰とならないが、資本家が搾取した分（剰余価値）は当然売りさばけなくなる。そのために国家が消費に参加する（有効需要政策）ことで一時的には需給の均衡を保とうとするが、必ずそのバランスは崩れ、「失業」が定期的にこの制度に襲ってくるのは避けられないことである。

オ．逆説論、パラドックス

弁証法に似ている。通常の定義を否定するところから始まる。一見何も矛盾を感じないようだがもう一歩深く掘り下げることで疑問が生じてくる。哲学を勉強する方はどんなものでも「はっきり見えるか、何で、どうして」の疑問をいつも投げかける習慣を身に付けるとよい。新しい発見が身の回りにたくさん転がっている。例をとってみよう。

「生物になぜ雄と雌が存在するのか」

生物の世界に雄と雌が存在するのは再生のためだけか。「ノー」である。ほとんどの生物は雌だけで再生できる。近年、羊のクローン[10]によって哺乳類でも雌だけで再生が可能であることが証明された。もちろん植物ではかなり昔からクローン（挿し木）が行われているので種子からの再生をしなくともよいことは周知のごとくである。しかし、一般に気付くことは種子からの生物の方がクローンよりもかなり長生きしている。なぜそうなるのか。ここで仮説を立ててみたい。そのことで今日頻繁になってきた遺伝子組み換え生物（動植物）がいかに危険であるかがわかってくる。

遺伝子工学者やまた遺伝子組み換えによって生産を上げている企業そして農民はいくつかのもっともらしい理由をつけ、また政府の役人に手段を選ばず説得してどうどうと遺伝子組み換え植物（大豆、小麦、とうもろこしなど）や動物（豚、牛また牛乳など）を市場に出している。その理由を挙げると効率的な生産ができる（規格の整った肉など、また害虫を寄せ付けないなど）こと、そして安全で安

いなどである。

　利潤を至上目的とする資本の論理ではこのような理由に納得できるが、私なりの問題点を挙げてみたい[11]。

　その生物は遺伝子組み換えで安全かもしれないが細菌に対する抵抗力は薄れる。雄細胞には新しい免疫を作る遺伝子機能が発達しているためにクローンでは新しいウイルスの抵抗力がなくなってくる。雌細胞はより多く免疫を持っているために従来のウイルスに対しては効力があるが新しいものには無抵抗になってしまう。

　クローン生物の寿命は自然の交配より短く桜や杉などは70〜80年である。ところが種子からのものは数百年もの寿命を持っている。羊のドーリーは6歳で死んだが年寄りの母親の細胞のせいだけでなく免疫機能が衰えていたのかもしれない。

　生物連鎖によってこのような抵抗力のない遺伝子が数世代続くと生命は新しいウイルスに抵抗できなくなり消滅の危機に立たされることになる。

　我々は自然界になぜ雄と雌が存在するかを再度考慮する必要がある。

　b．合理的思考

　合理的なものの見方とは、すべての偏見、観念、慣習や感情を捨て去って事実をありのままに分析、検証、計量、そして記録し、きちんと理性（理屈）に照らして思考することをいう。この点で信仰との摩擦は避けられないが、人間が感情の動物である以上、程度の差によるが倫理として脇に退けて置くことができる。例を取ってみよう。

14世紀半ばから約100年も続いた黒死病によって、西ヨーロッパの人口は3分の1あまりも減少した。そのことで神の力のなさを身にしみた人々は現実の問題をじかにまた個人的に解くのに迫られた。すでに商業では資本が流通から生産過程の中へ注がれる時代でもあった。徒弟制度の雇用から日雇いそして時間給へ移行した労賃は人情や慣習などに一切関わらず現実の生産高に基づいて支払われるようになった。このために、正確な原価を計算することで価格を設定し利益を見積もらなければならない。競争による価格の設定は商人の生命でもある。このような環境の下で合理的思考は発展していったと見られる。

　この合理的思考は古代ギリシャの伝統である。これが受け入れられたのはその経済状態がまったく同じ環境であったからである。中部ヨーロッパで同じころ私有財産制度（古代ギリシャでは土地の私有制）が生産過程を支配し商人が市場で労働を買い（賃金奴隷）、風車や水車などの動力機械の周りでの単純労働が始まった。今までの徒弟制度での雇用では費用（人件費）は衣食住程度であったがきちんとした日当は利潤の前提となった。その後、コペルニクスの地動説によって時間が発見（？）されて原価（労賃）の計算はたやすくなった。ところでコペルニクスは天文学者と知られているが実は教会の会計士であったことは忘れられている。彼がどれだけ時間にこだわったかこれでわかる。

　神への信頼が薄れ「天地創造」のベールがはがれると自然をありのままに見ようとする動きができてくる。合理性

は現実主義、経験主義などの思想を生み出しやがて新科学を誕生させ工業革命の基礎を築く基本ともなった。しかし、この思想はヨーロッパ中央ではなく西洋の端イギリスで発展した。17世紀のイギリスでの合理的思考を基本とした経験主義は自然の生態、法則（力量）を限りない実験によって詳しく分析するのを可能とさせそれを生産力に結び付けていった。それがやがて18世紀後半のジェームズ・ワットによる蒸気機関の発明につながった。工業革命の幕開けである[12]。

合理性を基本とした思考が実際にどういうものかこれから見てゆこう。

「人間関係」

西洋社会では人間関係をすでに合理的思考によってきっぱりと二分している。一つは、人間の本来または動物的感覚の人間関係である。この関係はある個人の近辺（親戚、兄弟等）やごく数人の心を許せる友達で築いている。この中で人はストレスを発散させやすらぎを求めていこうとする。

しかし、もう一方の人間関係は単なる契約上にすぎないものである。売買での商取引はお金の仲介によって結ばれるもの、これには何の感情も入っていない。人は一歩外へ踏み出したとたんに何らかの人間的なつながりに直面する。生産関係においては上司であったり部下であったり、しかし、その関係はあくまで人情の入らない契約上のものである。また、利害関係のない場合もある。ＰＴＡや町内会での組織ではその役によって責任上関係が違うが比較的

薄い人間関係である。この種の人間関係は法律に基づいているから人情や習慣に影響されることはそれほどない。

人はこの人間関係の理念を大人になる前に学ばなければならない。社会に出て人情や感情を基本とする人間関係では多くの誤解を生じるからである。ところが、日本人はこれを判断するのが難しい。それは幼児期から児童期において家族から離れて過ごすことが少ない場合に起こる。また、児童期において友達との遊びなどをしない場合相手の気持ちを察することができなくなる。この時期は特に言葉の使い方を学んでいく時期である。

我々の住んでいる工業社会は巨大な人口の密集と一糸乱れぬ生産組織で構成されているので昔の封建的、家父長的な小さな人口の共同体の中で暮らすのとはまったく違う。したがって、この工業化社会では合理的な思考が求められることは当然である。

「神の理解」

自然と神がまだ一体となっている（日本ではまだそういうところもあるが）場合では合理的思考が入り込むことはむずかしい。古代ギリシャでは神話の掟を自然の一部と見ていたがイオニア地方の哲学者はみごとその嘘を見破り自然の姿を明らかにした。唯物論の発生である。それから約2000年後、この思想を再生（ルネッサンス）させる運動が始まった。それはイオニアのように、神の名においての課税に対する反対から始まったのでなく「神」への失望からであった。一度「天地創造」のベールが剥がれ自然を実際の目で見、肌で感じることになると人はすべてのものや動

きなどに興味を持ち始める。実体験は合理的思考の始まりである。「百聞は一見にしかず」を西洋の言葉で seeing is believing（見ることができれば信じられる）というが合理的思考の基本と言える。

　このころ（15〜16世紀）西洋人（特に西欧）はすでに神（カソリック教）の言葉に聴く耳を持たず勝手に自然を覗き込んでいった。商人はすでに利子を取っていたがこれは教会やユダヤ人の領域であった。またコペルニクスの天体論ヴェサリウスの解剖学（ともに1543年に著書となった）やカソリック教の中に自然を見る目（主にプロテスタント）が発展しますます合理的、論理的な説明がされるようになる。これを一般には科学と呼ぶことができる。新しい科学はこのように神のベールが剥がれ自然をありのままに見る、計る、そして記録することである。この科学なしでは18世紀に迎える工業文明は不可能であった。その当時、地球上の他の地域ではどこにもそのような思考法が作られていない。またカソリックの信仰の深い地域ほど科学そして工業化が遅れていった。スペインや東欧諸国の工業革命はかなり後のことである[13]。

　カソリックの総本山バチカンでは約500年前のガリレオの地動説を最近（2010年）やっと認めたようである。次の課題「避妊」について認めるのはいつになるのか。

　「競争」

　競争は生産手段（土地や生産器具）の私的個人的所有財産制度下で自由市場の中で価格をめぐって発生する。自分の持っている商品を売りさばいて利益を得るには競争に打

ち勝つことが必要でそれには徹底した合理的な原価主義をとらねばならない。灼熱の砂漠で一歩の重さ（原価）を知ること（しっかり考えること）や、古代ギリシャでの競争社会で磨かれた合理主義は同じ私有制度を持つ資本主義の中でもっとその合理性が徹底する。それは科学（計る、記録する等）の力を借りるからである。

　競争と合理性は非常に似合っていてすべての理念を打ち破っていくようだ。もし慣習によって都合が生ずればほとんどがお金で解決する。そして、その費用もコストとして売り上げの中に入れるのだから決して損はしない。慣習を否定する人、つまりお金を受け取る人は誰であろうか。それはもちろん慣習（制度）を作った人である。このように見ると実は競争は同じ条件の上に立っているのでなくかなりどちらかに傾いている。我々の社会でも決して競争と平等は一致していないが合理性（現金主義等）によって保たれているようだ。

第2節　歴史的背景

　これまで西洋思考がどのような状況の中で生まれ育ってきたかを説明してきたが、まだ社会的背景を説明していない。この思考を生んだ社会の歴史を学ばなければ、読者（日本人）がなぜ今までの思考を捨て去り、この新しい（西洋人とっては古いが）思考を生活の中に取り入れる必要があるか納得しかねると思う。我々日本人は新しい生活形態（資本主義的経済機構）を取り入れてすでに150年あ

まり経っているが、思考はまだ封建的であるので、西洋思考の背景を学ぶことは重要である。

　昔の思想家の偉大さは、そこに生きていた当時の問題に新しい理論（思考法、思想）を自ら勇気を持って打ち立てたところにある。しかし、昔の思想家の言うことをしっかり聞いて（信じる）いればそのうち解いていけると思っている人たちは数え切れないが、彼らの思想はその当時のであって、もうすでに死んでいるのである。このような理論が今でも宗教や道教として残っているが、実際には役に立つものでない。

　自分の考えは正しいそれはいかにも生まれ持って自然のごとく身に付けてきたものだから、と普通の人は思っている。しかし、本当は社会の中で作られた（学習した）ものであることがわかればその人は自らを発展させていける。日本人が思考の変化に疎いまた無知であるのは歴史を学んでいないことと国家官僚が学ばせていないことに大きな原因がある。このことは次節に譲ってここでは思考が当時の生産力（石器、治水事業、鉄器の道具、そして巨大な工業生産）と生産様式（政治構造や文化）によって生まれてきたことを見ていきたい。

1．狩猟採集経済（石器文明）から治水農耕文明まで

　人類が誕生してから約600万年といわれているが、その間、いきなり人間となった（現代人と同じであった）などとは誰も認めていない。しかし、化石のような宗教家はそ

れでも否定するかもしれない。事実は生身の体であり「天地創造」などありえない。また、生まれながら「罪を背負う」など論外であることは今日の科学が証明するところである。これを基本に話を進めていきたい。これを思想的には「唯物史観」という。

　考え方、また思想はそこでの生産（生活）がより効率的にいくために生まれるが、また逆にその考え方が新しい生産力を生み出すものである。その新しい生産力はやがてそれを生み出した思想を否定していく。歴史の弁証法はこのように発展していく。

　a．石器文明

　人類史では石器文明期が一番長くつい5万年前まではほとんど石器だけの生産力で人類は命をつないできた。しかし、言語がアフリカから持参されてきたので人は個人では自然に歯がたたないが労働の集結組織力によって自然の困難さをのり越えてきた。石器時代には目に見えない組織力（生産力）があったということを忘れてはならない。この組織がすなわち社会であり人が社会的動物人間といわれるゆえんである。

　シンプルな石器を使って強大な動物をしとめられるのは数人、数十人もが一緒に行動できるからである。このような組織的行動には高度な情報の交換が必要で従来の動物的な情報の伝達では役立たない。特に待ち伏せ場所やどのくらい待つ等の伝達は言語なくしては無理であったろう。この言語のおかげで人類は生き延びてきたし、今でも言語なくして社会は成立しない。しかしながら、日本の文明社会

は今言語のあり方を無視している。幼児期にしっかりした言語を教えなくなってきていることは大きな問題である。

　石器時代の人たちは動物を追ったり季節ごとにめぐってくる木の実や果実を食べて生活していた。この自然の摂理は動物たちに不都合なことはなかったが古代人にとって一番の問題は人口であった。動物の繁殖期はほぼ一定していて自然の気候に合わせているが、人間はその自然の掟を破ってしまったようだ。聖書でいう「アダムがりんごを食べた」がこれに匹敵するのか。しかし、罪ではないと思う。この時点で人間は大きな宿命を背負うことになる。それは人口と食料との差である。人の寿命は少なくとも30年あまりだが、食料生産は一年の周期を基準としている。自然は時々不安定となり気候が変化すれば当然食料生産に影響を与える。食料が減少すれば集団で生活していた人たちは分裂して他所へ移る。その集団の中で今までの摂取を極端に減らして耐え忍ぶかそれとも何とか他人の分をかすめ取って暮らすか迫られるのである。

　原始石器時代での文化の発生はこのような人口問題と部族の掟などからくるものである。食料生産（採取狩猟等）に見合わない人口の増加は一集落を滅ぼすことになる。そのための規律がきびしく作られる。それをトーテムポールなどに記し首長が裁断を下すことになる。このような制度と自然の生産関係との間で原始的な信仰が生まれてくる。自然を崇める自然教は首長やそれに付随する祈祷師などが部族よりも我が身自身を守れるような祈りへと次第に変化してくるのも当然といえる。これによってたとえ原始社会

においてもある程度の社会階級が発生するが直接的な搾取などはまだ見られない。

　狩猟生活からやがて人は定住を始める。一年中を通して食料が入手できれば危険を冒してまで野原を歩きまわらなくてすむ。今から３万年前ごろから地球の温暖化が進み中東近辺では緑の原野が広がったようである。その当時の動物が化石となってクロマニオン人と一緒に発見されることでわかる[14]。やがて中近東周辺では気候の変化で砂漠化が進み緑が河川周辺に限られてくると人々は２つに分かれる。その周辺に住み着いて農耕を営むかすでに家畜となっていた羊、牛類等を引き連れて草地を求めながら遊牧生活をするかである。この時代でもまだ石器は主要な生産手段であったのでまだ（新）石器時代という。

　農耕経済社会が発生してくるのは１万年ぐらい前といわれているが実際に組織的な河川周辺での農業の定住は8000年前ぐらいからとする定説が一般的である。それから数千年後（紀元前約3000年）には巨大河川周辺で治水農耕文明が開化していった。４大河川（ナイル、チグリス・ユーフラテス、インダス、そして黄河）文明はよく知られている。しかし、今日では揚子江周辺やコロラド川流域での河川文明も無視できない存在となっている。

　プエブロ族はコロラド川周辺での河川文明では最後に残った種族であるが、この治水農耕文明がアメリカ両大陸の高度な文化（アステカ、マヤ、インカ、そしてアパラチア・インディアン等）を築き上げた発祥地であったことは間違いない。河川流域での集約労働は川を離れた山奥でも

その組織能力は使われ巨大なピラミッドの建築に生かされたようである。しかし、残念なことにアメリカ大陸には鉄器は古代において伝わらなかったために文明の発展は石器時代を超えることはなかった。そして、もちろん分業も発展しなかったために階級闘争も常時起こることなく宗教や儒教などが発生する地盤はできなかった。今から約500年前に鉄器で身を固めたスペイン人がアメリカ大陸を征服するのを見ながら石器文明に頼った民族はなす術がなかった。

　4大河川文明の特徴は、広大な農地を膨大な人数で管理する高度な社会が形成されたことにある。しかし、そこでも主要な生産力は石器と人力である。すでに青銅器は使われていたが磨耗しやすく刃物等には適していなかった。人数が多くなるほどより緻密な組織が要求される。また、大きな人口を支える農業はそれだけ計画的になる。収穫期が少しでも狂ったら作物に甚大な被害を与えその責任を支配者は取らなければならない。治水農耕では川からの灌漑と排水が重要である。川自身が肥沃な土地を用意し植物に必要な水を供給するのでその管理をきちんとしていれば広大な農地は計り知れない収穫を約束する。

　水利栽培の利点について述べてみよう。米作の場合、
　　ア．洪水を受け入れて、一年を通して植物に付着していたバクテリアと地下からくみ上げられた塩分を洗い流す。輪作を可能とする。
　　イ．上流からミネラルと植物の肥沃な腐敗物が運ばれ、その水を一時的に溜めて置くと沈殿する。

ウ．米の水耕栽培では、水を一定に張ることで温度の調整ができる。夜でも温度が高く保てる。それだけ成長が早くまた冷害から稲を守る。

　このように、治水するだけで肥料や農薬などを使わず同じ作物を毎年生産できる利点をもっている。

　だが、治水そのものの大変さは想像を超えるものである。特に日本に住んでいたのでは実感としてつかむことは困難である。日本の河川の洪水は半日程度前の雨量を見ればわかるが、この6大河川流域では水の増加はほとんど予測できない。中国のモンスーン気候を除いて他の河川では農作地と水源地域が1000キロ以上も離れている。しかも、農作地は気候がほとんど変わらないので季節（雨季）を読むのは不可能に近かった。そのために一年のカレンダーをつくり洪水が来る時を知る必要があった。太陽の周期、月の周期、そして特定の星の周期を測る。日の出、日の入りの地域や月の欠け具合で一定の暦をつくれるが収穫までの確実な暦はもっとはっきりしなければならない。

　古代エジプトでは、特定の星（金星や火星など）ともう一点の突起物（ピラミットの頂点等）、そしてピラミッドの中に達する星の位置によって正確な時刻を予測していた。マヤのピラミッドは一年の一定時刻に階段の影がきちんと揃うのが今でもわかる。最近マチュピチュの王様の石室に光を射す穴が見つかった。王はこの光の動きを見ながら、2000メートルもの高さにおよぶ石段の農地に何の作物を植えるか、そしていつ収穫するかを指示していた。エジプトの巨大なピラミッドは王の墓と思われてきたが、最近

になって生産的な機能を持っていることに考古学者がやっと気付いてきたようだ。

　石器文明の頂点に立った６大河川流域は治水農耕文明ともいわれおよそ3000年間次の鉄器文明が現れるまでほとんど単なる支配者の入れ替えで過ぎていった。石器文明期ではその発展の程度によって大きく２つの信仰に分けることができる。支配者は武力による支配よりも、この信仰を利用することで共同体をまとめ上げてきた。

　①　自然崇拝

　より生活（経済）が自然に密着または自然の生産に頼る社会は自然を敬うのが当然である。自然の力を神にたとえて崇拝するのである。日本においては今でも山神様、木、井戸、すべてに神が宿ると信じられている。日本の農業は巨大な河川周辺での農耕ではなく同じ治水であっても小規模のものである。水の供給は自然の雨（モンスーンが田植え時にくる）に頼り、小さな河川から引くまたは山からの湧き水（谷津という）に頼ってきたことが直接自然を神にする理由であった。この自然崇拝は宗教や道教などが入っても続いていく。

　②　「神」の崇拝

　農業経済が発展して社会が構成され階級社会に入ると「神」が人の手によってつくられてくる。自然の天候を占うための方法を神に求める、そしてその神の言葉を民衆に伝える役目が支配者であり信仰を説明する祈祷師、呪術師、占い師、また巫女などである。民衆は自分たちが生産した作物を自然の恵みやまた災害を「神」によるものと信

じる（信じらされる）ようになる。民衆は自分たちが生活できるぎりぎりの生産物を手元において、すべて「神」に捧げる。これを横取りするのが支配者である。

　古代ギリシャではこのからくりを哲学によって見抜いていった。巫女の言葉は自然ではないことを紀元前6世紀に唯物論をもって証明して見せた。ミレーネ派のタレスに始まり、ヘラクレス等が自然は神でないことを証明した。18世紀フランスの経済学者セーは農業の収穫は農民の労働と土地や太陽の恵みであることを理論づけた。この「重農主義」はいかに農民をだまして搾取するかを正当化するもので当時のアダム・スミスの「国富論」と比べると後進的で当時の農業国フランスを象徴するものである。このように近代になっても自然と「神」との生産関係は西洋でも思想として残っていた。そして、日本は今でもこの思想を「供物」の形で宗教の中に潜入している。

2．鉄器の発明と伝播

　他方4大文明とほとんど変わらない時期に、今日小アジアと呼ばれるトルコの中央部山岳地帯（アナトリア地方）にカッパドキアという強大な文明国が存在していた。ときにはヒッタイト王国と呼ばれ、治水文明ではない高度な文明を開花させていた。その生産力の基本となったのは治水ではなくて鉄であった。この王国は鉄の生産を独占（秘密）することで約2000年も持続したようだ。だが今から4000年前（紀元前20世紀）あたりからこの帝国は自らの矛

盾に耐えかねて崩壊していった。そして、この崩壊は新しい文明の始まりでもあった(15)。

　一度鉄器文明が入るとそこの社会は一変する。それは、鉄器という計り知れない生産の能力を抱えているからである。鉄器の利点はその耐久性で今までの人工物青銅器など比較にならない。また鋭利な点でもある。鉄器そのものは切断する手段としてまた殺戮する手段として利用されるがその鋭利さが道具となって木工を発展させていった。今までの農耕社会ではシンプルな道具（石器）を使っていたためその社会の中では他の道具の生産に携わる必要はなかったが鉄器が道具となって数々の製品がつくられそれらがその社会の中で交換されるようになる。一人ひとりが一つの製品をつくるのに専念すると、もはや自給自足は成立せず交換する経済となる。最初は物々交換程度であったものがやがて不便さを感じて仲介的な交換手段として貨幣が使われるようになった。そして、この中間的な役割を担う人々が階級を持ち始めるようになると社会は複雑（闘争）になりもはやシンプルな信仰などではとても民衆をなだめることなどできなくなった。そこで宗教と儒教の到来である。しかし、これらの理論的な信仰は突然天から降ってきたものでなく以前からの自然との密着した信仰から派生したものであった。

　では、鉄器文明の矛盾とは何であったのか。第三階級（商人）を生み出したこと自体矛盾ではあったがヒッタイト王国を滅亡に導いた最大の矛盾とは鉄の生産そのものの中にあった。周知のごとく、鉄を生産するには三つの要素

が必要である。一つは原料となる鉄鉱石で、これは山岳地帯ではどこにでもある。次に鉄をつくる技術である。石器などはほとんど打製によって器具（おもに刃）に変形されるが鉄の生産工程は複雑きわまりない。まさに神業であった。そして、最後に燃料である。この燃料の存在がよく忘れられていることが多い。鉄器の著名な考古学者大村幸弘氏は最近の新聞に、「鉄くずと一緒によく大型動物の骨が発見されるので、この地方"アナトリア"は大きな森が存在していた」と言っているが、ちょっと気付くのが遅いのではなかろうか。今この地方は木が少ない山岳地帯であるがかつては森林地帯であったことは理論的に説明できる。大量の鉄器を生産するには膨大な燃料（木炭）が必要で鉄１トンの生産に20トンもの木材が燃料として使われる。数千年も鉄の生産を続けていたのでは周辺の山々は禿山になるのは当然である。人類史上自然破壊の最初の一歩は鉄の生産によるものであった。鉄に支えられた王国は原料と技術があっても燃料が切れてしまったのでは崩壊せざるをえなかった。

　鉄の生産技術を持ってカッパドキアを後にしたアーリア人はこの矛盾に気付かず行き先々で場当たり的な鉄生産を行っていった。その地域を列挙しただけでも相当なものである（図４）。鉄器技術を持って南下しレバント地方で定着した部族は、鉄を生産しながらレバノン杉をほぼ絶滅させていった。もちろんこの杉は他の木工製品（造船や家屋）にも利用されたが、燃料にかなり使われたと予測できる。鉄器のような鋭利の道具でなければ木造の舟や家屋を

図4　鉄の伝播

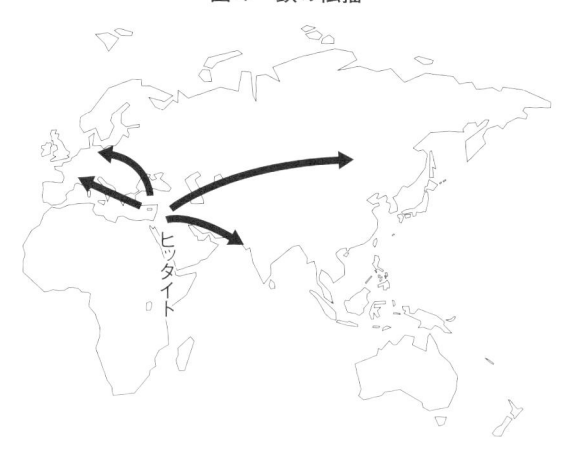

つくるのは非常に困難である。また、その強度と鋭利さで巨大な杉の木をたやすく切り倒すこともでき、森林の破壊は乗数的に広がった。この人たちの船団はやがてエーゲ海へ進出し、紀元前15世紀を境にミケーネ文明にとってかわる。彼らはさらにギリシャに定着し、鉄器文明による社会を形成していった。ギリシャのアッティカ地方で鉄の生産がはじまると森林は消滅していった。また、鉄器によって硬い岩肌が耕作され農業は水をあまり利用しない作物中心へと移った。オリーブやぶどうが農業の主力となったのである。このことはまた交易を必然のものとする。

　鉄器の技術を持って渡った船の民族（古代フェニキア人）がギリシャに定住してまもなく、北からやはり鉄器の民族が押し寄せてくるようになる。彼らは同じヒッタイト王国の末裔であるがはるばるコーカサス山脈を越えて黒海

沿岸北側を通ってドナウ川周辺で定住しその一部がギリシャの北から入ってきた。定期的に北から進入してくるドーリア人に対処するためにギリシャの都市では強力な軍を組織する必要があった。中にはスパルタ部族のように軍そのものが社会となったがそれは鉄器の生産なくしては成立しなかったことである。このあと古代ギリシャは奴隷制経済社会へと独自の道を進んでいく。

　鉄器文明を背負って強力な武器を持ったヒッタイト部族の一部はチグリス川を下りメソポタミア文明を滅ぼした。だが、そこには鉄器の材料や燃料がなかったので鉄器文明に変えることはできなかった。バビロン帝国の繁栄は鉄器の使用はあったが治水農業によるものであった。これはエジプトでも同じ状況であった。この巨大な都市は武器にする鉄器を遠くインドに求めるが、それは紀元前6世紀ぐらいと思われる。

　筆者の予測では東へ向かった鉄器技術を持った部族は3つに分かれたようだ。一部は前述したようにコーカサス山脈を越えてドナウ川周辺で定着する。また、東へ直進しウラル山脈を越えてタクマラカン砂漠に着く。火炎山南東部に定住した部族は小河墓文化を築き上げた[17]。中国の考古学者はまだ鉄器を発見していないがいくつかの点でこの文化を築いた部族は西から来たのがわかっている。墓には白人系が埋葬されている。その墓では小麦が見つかったがそれは西方から来たものである。当時の中国では黄河周辺では粟ときびが主たる農産物であった。そして鉄器が使用された証拠は埋葬した棺桶が舟の形をして鋭利な鉄器なく

してはまったく不可能であったことである。しかも、硬くて巨大な木々を切り倒すには鉄器が必要であった。砂漠にうずまっている巨大な墓標を見るとかつてはその周辺に大きな森があり川が流れていたに違いないと思われる。今ではまったく砂漠化しているがその原因が鉄器の生産のために燃料である木を伐採しすぎたのかどうかはわからないが、かなり人的な被害が影響を与えているのではなかろうか。

　鉄器生産の矛盾はいつも付きまとう燃料の問題である。原料の鉄鉱石は山脈があればほとんどどこでも入手できるし、技術も忘れ去れるものでない。しかし、燃料である木材（これを解消するコークスが現れるには18世紀まで待つことになる）には限界があった。アナトリア、レバント、ギリシャそして小河墓地域での森林の破壊は、自らの社会全体を壊滅させるという矛盾に突き当たる。中世期後半では西ヨーロッパの大半の森林が鉄器生産で消滅する事態に追い込まれていった。コークスが発明されなかったらこの社会自身破滅へ向かったと予測される。

　しかしながら、この矛盾に出会わないで鉄器生産を繁栄させた地域は著者が知る限り2つある。それはどちらも高温と湿地帯に支えられたモンスーン気候のガンジス川中流域と日本である。

　① インド

　カッパドキアを後にして東へ向かったアーリア人は一部がコーカサス山脈を越えて、またもう一部はウラル山脈を越えていったがもう一部は途中から南下していく。アフガ

ニスタンを縦断してインダス文明と遭遇したのである。高度なインダス文明であったが鉄製の武器に圧倒されたインダス人（皮膚が黒褐色）はアーリア人（白色の皮膚）に支配されることになった。アーリア人は鉄器生産に固執することと治水農耕文化には馴染まなかった。そのことで彼らはインダス人を引き連れて鉄鉱石と燃料のあるガンジス川流域へ集団移動していった。このアーリア人（バラモン人）はこの適度な平地と限りなく再生産される鉄器の燃料、そして風を起こしてくれる起伏のある丘陵地に永住の地をもとめた。しかしながら、インダス流域から連れてこられたインダス人は永久にバラモン人の支配下に置かれることとなった。バラモン教はこの2つの運命を限りなく歌ったものである。この制度については後で述べていきたい。

　アナトリアの気候と違いこのモンスーン気候では高温多雨のため森林は半永久的に繁茂し手仕事による鉄器の生産にはそれほど影響を与えるものでなかった。この土地は治水をそれほどしなくともよく降雨や小河川流域での農業は巨大労働集約農業と違った形態をとることになった。しかも、鉄器による開墾等で個人的（家族経営的、領主）農業経営が盛んになっていくことで封建制度がしだいに確立していった。鉄器による分業で商業が発達し一つの共同体の中に新しい階級ができ支配者（領主）と被支配者（農奴、インダス系）との間に社会闘争の矛盾が高まっていった。またこの商人は共同体を超えて遠くバグダッドやたぶんエジプトまでも鉄製品を輸出したようである。紀元前6世紀

あたりインドと中近東の文化的交流は精神文化の中に現れていった[18]。

② 東洋への鉄器文明伝播

中国の歴史教科書[19]では鉄器が現れるのは紀元前7～8世紀ごろといっているがどうやって鉄器が発明されたかを説明していない。中国のプライドが西欧からの由来説明を妨げているのだと思う。黄河文明で有名な中原流域で石器を使った治水農耕の全盛期（殷から商時代）、すでにその上流域では鉄器文明（周）が発展したようである。この山岳地域でいきなり鉄器と小麦が現われるわけはなくこの2つは黄河のはるか上流の小河墓地域で数百年も前に存在していたのを見るとそこから川伝いに渡来してきたと想像される。

黄河と湧水との交流点周辺の山岳地帯は鉄鉱石と燃料に恵まれ鉄器の生産の条件に合っていた。鉄器による開墾で小規模な農地が発展していき領主経営（封建制）が成立した。やがて強力となった領主は治水集約農業をしていた中原地域に侵入していく。鉄器で武装した周民族に対して彼らは石器やわずかな青銅器では太刀打ちできるものでなかった。古代治水農耕経済はバグダッドやインダス同様にここでも滅亡していった。中国国家は黄河文明が古代から今でも同じ地域で続いていると言ってるが、まったく違う文明が入ってきたことを認めていないようだ。山岳地域から広大な中原平野に移動した周民族は封建的な制度では統制できないことに気付かなかった。数百年もの部族間の争いから紀元前3世紀後半に秦始皇帝が現れ中央集権国家を制

度化していった。都を西安から長安へ移しても鉄器の生産地は黄河山岳地帯で鉄器の供給は農業以上に重要であった。鉄器文明では鉄器の支配がその社会を統一する。始皇帝の過酷さから逃れた集団は朝鮮半島からあるいは舟で日本へ渡ったかと思われる。

　日本の鉄器と稲作はほぼ同時に弥生期のはじめ（約2300年前）に大陸から渡来したといわれている。渡来人は九州北部の板付古墳周辺にまず定住したと思われ、それからわずか200年あまりで稲作は青森あたりまで普及したようだ。だが、鉄器がそれとともに分布したかどうかわからない。りっぱな鉄製刀剣として古墳（群馬県の稲荷山古墳）から出土することは鉄器が日本各地に武器そしてわずかの道具として存在していたことを示す。各地の農業の発達で領地争いが起きてくると、ますます武器が必要になってくる。鉄の支配による豪族の統制は全国各地で起きてくる。4世紀から6世紀にかけて西日本を中心にいくつか台頭してくる豪族、中でも出雲、伯備、たぶん宮崎と群馬、そしてもちろん大和等が最初に権力を誇った。大和は自国（三輪山周辺）から生産する鉄だけでは足りず白村（朝鮮半島）からの鉄器の供給で他を圧倒するようになる。大和政権の誕生はこのように膨大な鉄器を支配することから始まった。鉄器の供給が止まるのを恐れた大和は高句麗（百済）を助けるために白村に援軍を送ったが唐と新羅の連合軍に破れ帰国した。その後、大和は出雲と伯備との和解によって全国を制定してゆく。

　日本では鉄の生産目的が器具よりも武器（刀等）であっ

たために鉄鉱石よりも砂鉄の採集が主体になってその供給と燃料とのバランスがとれて森林が消滅することはなかった。後になって武器生産が増加すると森林をきちんと統一していくようになる。出雲の国では個人が計画的に森林を伐採する能力を持っていた。また、インドと同じくモンスーン気候によって森林の再生が早かったことも枯渇しなかった理由であろう。

　ここまで鉄器文明のハード（生産力）の面を説明してきたがこの生産様式を受け入れることで社会がどのように変化し、また人の思考もそれに応じて変化していくことを説明しなければならない。鉄器社会の特徴は鉄器による道具類の発明で専門職化し自給自足から交換経済へ移り商業が発展することは述べた。また、そのことで今までは階級社会は二階級（支配者と被支配者）であったものが商人の台頭などにより階級が複雑化していった。インドではこれをきちんと分けるのにカースト制度をつくって社会の構築につとめた。これは封建制社会の特徴である。これと対照をなすのは中央集権制度である。これは、黄河中原の広大な農耕の中で生まれたものである。地理的な防護策のない広大な土地では領主などの個人的な支配は不可能であって、全領土を統一する国家制度が理想となる。一度この制度が設立すると、世代が目まぐるしく交代することはなくなる。それは、生産者である農奴はよほどのことがない限り移動をせず、また分業そのものが国家の統一（特別な区域）の下に置かれるからである。このような閉ざされた分業では新しい生産力が発生しにくく、社会の停滞を余儀な

くされる。

　鉄器文明がもたらしたもう一つの社会形態を挙げてみよう。それは古代ギリシャの奴隷制度である。鉄器生産によって破壊された森林の跡では農作物はぶどうとオリーブが主となった。この土地は治水農耕でなく降雨農耕で個人の経営ができた。私有地で奴隷は牛や馬のごとく生産に励むことになる。地主は奴隷のコストと収穫の売り上げでより多くの利益を得る。やがて奴隷は農地にかぎらずどの生産分野にも使われるようになっていく。個人所有の銀鉱山では一時に1000人もの奴隷が使用されたようである。またアテネでは一般自由市民の3倍もの奴隷がいたともいわれている。このことで奴隷がその社会を支えていたことを証明できる。それではこの数万人におよぶ奴隷はどこからきたのだろうか。紀元前6世紀はじめにソロンの改革で負債奴隷の解放を何度か経験しているが大半の奴隷は北方から進入してくるドーリア人であった。それを防ぐには強力な軍隊が必要となりついにスパルタのような軍人国家が生まれた。だがこの進入が少なくなると逆に奴隷を買い求めてギリシャ商人はイタリアやフランスにまで足を伸ばしていった。そして、アレキサンダー大王による奴隷の供給が停止することでギリシャの繁栄は終わる[20]。

　アテネを中心とした古代ギリシャの繁栄はわずか3世紀（紀元前6〜4世紀）たらずであったがその基盤となったのは奴隷経済であった。そしてこの精神的な主柱は哲学でアゴラ（広場）での討論が土地貴族の専制を防いでいた。自給自足でない農業は当然交易を必要とし食料（穀物）は

遠く黒海沿岸に求め自治国家が船団をつくって商売（交易）をしていく。これは専制的な王には不可能であった。私有財産制度に基づく自由な商取引そして交易では国家としてまとまらなければならない矛盾を哲学が解決していった。

3．工業文明

工業文明は西ヨーロッパで起きた一連の工業（産業）革命から発生したものである。その特徴を述べるならば、
① 中央原動力を用いた巨大な生産過程の実現。そしてこの原動力は24時間365日稼動が可能で、しかもどこでもまた誰にでも操作ができる。しかし、この操作には高度な教育が必要で社会は意識的に人材を育成しなければならない。
② その中では密集した労働が昼夜の別なく注ぎ込まれる。すでに生産の主体はこの原動力で労働はそれを操作するだけである。だが、この操作の緻密な連携（共同作業）は非常に重要である。この協業によって鉄器文明で発生した分業は消滅することになり交換経済から労働の必要性と能力による配分経済へ入る。
③ 工業生産は未曾有であり人間は初めて自然からの物理的な限界を超えた。だが、現実にはこの資本主義制度の中で多数の失業を生み出した。この制度からの解放で人間はやっとすべてからの解放を勝ち取

ることができる。
④　工業文明ではすべての人を社会人間にさせ共同生産（生活）の重要性（義務と責任）を学ぶことで全体の中の個（自分自身）の位置を確認し周囲との調和を持って自由な行動がとれる。分業（交換）経済の競争から工業生産による協業経済は協調し合って生活し、また自然との調和のとれた生活を保証するものである。

　工業文明を築き上げてきた西洋思考がこの章の主題であるがこの思考がどう発生し、また発展してきたかを短く考察していきたい。

　すでに思考はその当時の経済社会の状況を反映していることを説明してきた。人の思考は生まれながらのものでなくその人が住んでいる社会に大きく影響されている。だから社会が変化すればそれに応じて変わらなければ時代についていけない。日本人はここを理解すべきであり今の生活が悪いから昔の思考（思想）を借りようとするのでなく新しい思考（西洋）を取り入れて自らを変えていかなければ日本を発展させることはできない。

　工業文明の経緯を古代ギリシャの崩壊から中世の終わり（15世紀ごろ）まで西欧の歴史を振り返るとそこには2000年弱におよぶ時間差が生じる。そして、この文明の転機となった西洋思考は古代ギリシャの哲学を基本として再度見直される（ルネッサンス）ことになった。前述したようにギリシャ哲学が背景とするのは奴隷経済であったが果たして西欧にそのような経済状況が発生したのであろうか。

私有財産制度、個人の競争、そして奴隷形態が潜在的に存在すること、または生まれてくることが「哲学」を受け入れる条件であったがその歴史的背景はどうであったか。この哲学が再生されなかったらカソリック教のベールによって近代科学は誕生せず工業文明の誕生はかなり先に追いやられたであろう。

　アレキサンダー大王からの奴隷の供給が止まったギリシャは斜陽の一途を辿る。そして、紀元前132年にローマ軍によって古代ギリシャはローマ帝国の影となっていった。当時のローマはすでに帝国の様相を持っていて同じ年に天敵フェニキア人をカルタゴで壊滅させるという前代未聞のことができた。地中海全沿岸を制したローマはギリシャと同じく奴隷経済（広大なプランテーション）に基礎を置いたために奴隷を求めて西ヨーロッパを制覇していく。強大なローマ帝国の繁栄が数世紀（紀元前１世紀から紀元３世紀）であったのは武力による統制には費用がかかることと物理的な限界があることを我々に教えている。帝国の斜陽期になって民衆をなだめるための精神的な主柱（キリスト教）を受け入れたが時すでに遅すぎた。それを知ってかコンスタンティヌス皇帝は自らローマを出て黒海入り口のビザンチンに東ローマ帝国を設立した。この皇帝は、奴隷経済に頼るよりも物資の流通によって膨大な利益を得る才能をもっていたようである。そしてもちろんキリスト教を受け入れることでビザンチン帝国はその後約1000年の繁栄を築いていった。

　鉄器文明下での分業に基づく強大な国家では単に武力に

よる制定は難しいことをローマ帝国は示した。精神的な主柱（宗教や道教などの思想）のほうが強大な武力を維持するより安上がりで済み自らの矛盾（その思想に反する）がなければその社会制度はかなり持続する。思想に支えられた国家（社会）を歴史の中で見るとこれから説明するヨーロッパの封建制（カソリック・キリスト教）、中国の儒教に支えられた漢王朝（西暦紀元をはさんで前後約400年）、インドでは3000年以上前に侵略したアーリア系（バラモン人）は21世紀になってもその精神支配構造（バラモン教、仏教、ヒンズー教等）によって社会が成立している。これらの思想は工業文明の発展にかなり不利なものである。日本では大和政権は地方豪族をまとめる上で中国から持ってきた仏教と儒教を精神的主柱とした。やがて大和は自らが日本の精神的な主柱となった。明治国家（商人資本）が国民を統一するために天皇思想を利用したことは賢い政策であった。これとは対照的にモンゴルのカーン帝国（紀元13世紀半ば）は精神主柱などに無知であったためにわずか100年あまりで滅亡していった。

ヨーロッパ封建制

奴隷の減少によって傾いたローマ帝国はすでに紀元4世紀ごろからゲルマン民族の侵入に見舞われ、しだいにその領土は消滅し5世紀になるとローマ都市周辺のプランテーションを残すくらいであった。しかし、ローマの貴族たちは農業経営を傭兵（東ゴート族など）にまかせた。この傭兵たちはやがて使用者（貴族）に叛き自ら領主となった。かつての帝国の領土であったイギリス、スペインまたフラ

ンスの領地は西ゴート族やゲルマン人によって支配され、占領者各自が領主となっていった。ローマ帝国時代から西方での封建制（農地の領主経営、荘園制度）の精神的な主柱はローマ・カソリックであった。

　カソリック教はキリスト教（ユダヤ教の創世記、贖罪）とプラトンの徳など併せ持った思想で、アウグスティヌス教父が理論化させ普及させた[21]。キリスト教の辻説法から教会（プラトンのアカデミーのような）を設立して民衆を集め一堂に説得をすることは領主が農奴を洗脳するにも都合がよかったに違い。領主に支えられた教会はヨーロッパ各地に瞬く間に広がっていった。カソリック教会は領主と農奴の間に立ってかなり経済的な機能も果たしていった。やがて教会自身が領主よりも豊かさを増してくるとこの関係が逆転する。11世紀ごろを境に領主の荘園制が崩壊しつつヨーロッパ全域に商業流通経路が行き渡っていく。その主役となったのはベニスの商人であった。

　ベニスは木材と塩を中近東へ輸出して富をなしたが、領主間の争いに乗じて武器取引も盛んであった。鉄器は主に中東からであったことでビザンチンやベニスの商人が仲介していたが、西欧での商業の発展と領主間での争いで鉄器の需要は追いつかず、鉄器の生産はしだいに中央ヨーロッパの山岳地帯（チェコ周辺）に移った。鉄鉱石を打ち砕くことや熔鉱するのに強風を送るときなどに水車が使われるようになる。この水力が原始的な原動力になった。水が枯れない限り水車は回り続け、そこへ原料（鉄鉱石がまじった岩石）を注ぐと自然に細かくしてくれる。ここで初めて

季節的でない年中続く労働が生まれた、そしてこれがやがて年季奉公労働から1日、時間単位の賃金労働に転換された。14世紀あたりになると、ヨーロッパはしだいに農業生産が伸びかなり余裕が出てくる。各地に都市ができ、有閑労働者が生まれてくる。都市での労働力は農家の次男、三男等であったものがギルドや人口増加によって有閑労働が必要でなくなる。その労働の受け皿はこのような製鉄業であった。この労働者は都市とは違って年季奉公を取らず出来高や1日単位の賃金で働いた。

　水車による動力は賃金労働をつくっただけでなく生産工程までつくりあげていった。原動力の下では労働はその動力に合わせることになる。ちょうど、今日のコンベヤーシステムで労働者がこの原動力の稼動している間一糸乱れずに生産に励むのと同じである。もちろん、その速さや生産内容は水車のばあいシンプルであったが。このシステムを採用して製鉄をすると燃料の問題が浮上してくる。そのため燃料を求めてヨーロッパ各地に水力動力が普及し、その生産過程に賃労働も付きまとっていった。

　自然の動力源（水車）によって生産体制が分業から協業へ変化したとえその動力源がなくとも一箇所での集約労働生産は（特に繊維産業で）14～15世紀から行われていった。この生産システムをマニュファクチュアーという。このシステムによって大量の賃金労働者が生まれた。彼らは自分の労働以外に生活の糧はなく半奴隷的（時間で自分の肉体を売る）な労働生活となりほとんど毎日休む暇なく働かされていった。この生産システムは次の人工の原動力

（蒸気機関）が発明されるまで続くことになる。この集約労働による生産はまた大量の製品（商品）を作り出しもちろんそれを一箇所（生産と消費）で売りさばくことはできず同時に原材料も増加し、他国からの交易が増していった。この商業の発展は領主経済を崩壊させていった[22]。

　11世紀を境に西欧では気候の温暖化も味方して農業経営が反映し物々交換の経済から商業経済に移り物資の交流は思想（封建的家父長制）にも大きく影響を与えていった。教会においてもかつての節制や民衆の規範となったモラルはすでになくなり領主よりも豊かになることも多く500年以上たったカソリック思想に変化が起きていく。家父長的な倫理思想から少しずつ個人の行動を重んずる思考へ。これは商業の発展で私有財産が認められていったことから自然発生的なことであった。特にイタリア北部でこの思想を代弁するのがトマス・アクィナス[23]であり、しだいに古代ギリシャ思想がイスラム王国のスペインから西欧各地に流れていった。前者の思想はアウグスティヌスによるキリスト教とプラトン主義の倫理と教会（アカデミー）での説教であったが、アクィナス等の思想はアリストテレス主義を基本として現実の個人の問題に直結するものであった。彼らはカソリックの中で改革をせまり、庶民との直接の接触（辻説法）へ向かう。ドミニコ（イタリア）とフランシスコ（スペイン）の２派が有名である。この時代は日本ではちょうど平安時代の末期で支配者たちの仏教が腐敗し良心的な宗教家は庶民の中に辻説法を持ち込んだのと似ている。やがて日本独自の仏教（鎌倉仏教という）が生まれて

くるのもこの時代であった。

　思想の変化はこのように社会経済的な急激な変化に密着していくがそれが見えるようになるにはかなりの時間がかかる。封建制を倒す次の思想が現れるまでもう500年西洋では要した。15世紀末から始まった宗教改革はより個人の考えを尊重するものであった。プロテスタントはすでに神と民衆との仲介役となっていた神父を必要とせず本当の信心は神を個人的（私有）に敬うことであるとマルチン・ルターは説得して回る。しかし、ルターも神父（支配者側）である以上人民があまりにも目が覚めすぎたのに驚いたようだ。だがすでに遅く民衆は個人的な自由な思想を勝ち取るために国王までも巻き込んでいった。独立した個人の尊重は商売の基本であり価格競争において自由に決断しなければならない。また、膨大となった利益を商人一人の手で処分できず投資に替えて利子を受け取るが教会はそれを認めていなかった。そのころ利子税をとるのは教会とユダヤ人に限られていた。カルヴァン主義はこの商売（個人主義）の徹底であった[24]。また、教会の会計係であった天文学者コペルニクスは労働コスト（時間単位）を計る工夫をするために地動説をつくらねばならなかった。個人主義の台頭はすでにカソリックの「天地創造」をのけて現実の世界を見ることになった。古代ギリシャの競争社会の再現である。しかしながら、経済力（生産手段）は古代とは規模、質どちらもまったく違っていたのである。

　個人思想（個人の自由な考え）を受け入れ物の見方を変えた西洋思考は近代科学を生み出し工業文明への足がかり

をつかんでいった。

工業文明の黎明期（1600〜1700）

西欧の工業文明の黎明期は17世紀から18世紀の200年あまりであったということができる。その基本となったものはすでに商業資本から生産過程の中で利益（搾取）を得る集約労働の実現であった。資本も海洋の危険な商取引からもっと安定したところへしだいに移っていった。すでに織物業、製鉄業等では大量の資金が投資されていった[25]。これに伴って思考の変化も著しかった。プロテスタント（個人思想）の運動は16世紀に始まって（ルターの大衆向けの聖書出版、1543年）、17〜18世紀はまた聖教運動も盛んで経済よりも思想の違いで民族は移動した（ピューリタンのメイフラワー号のボストン着、1624年）。

この同じ時期に江戸幕府は個人（幕府）の利益を優先させ鎖国政策をとる。このために幕府は自らにとっての都合よい製品（奢侈品等）しか長崎の出島で受け入れておらず経済を動かす機械等はほとんど日本に紹介するまでもなかった。社会が変化されては困るというのが最大の理由である。日本人はよく鎖国を国家全体による外国とのシャットアウト（遮断）と勘違いしているが幕府は実際に交易をしていたのだから鎖国というより幕府の貿易独占と言ったほうがよい。西洋ではすさまじい思想の転換期を体験している間、日本（中国、朝鮮も同じであったが）は思想としてはのんびり（儒教の導入）とした展開であった。これが今の日本人の思想の転換に大きな影を落としている。西洋思想の根本精神「自主、自律」は血を流しながら民衆が勝ち

取ってきたものである。そして、今の民主主義を形成してきたのである。これだけの時間を使って思想が転換してきたのに我々日本人が西洋の利器を少し使用したからといって思想が自然に移り変わるなどとはとても不可能である。だがもうすでに工業文明が入って150年が経ち、そしてこの20年の低迷する経済を体験したのだからそろそろ思考の変化を受け入れてきてもよいかと思われる。

　個人主義の徹底は自由な発想をもたらす。まず、フランシス・ベーコン等（17世紀初期）による経験主義者の理論に即してイギリスでは体験、実験が重んじられ、それを生産の中で生かしていった。多くの実験者（科学者ニュートンも錬金術を体験した）による試行錯誤の結果、より効率的な生産を可能とした[26]。また、大陸でもオランダ、ベルギー、プロイセン（神聖ローマ領土を含む）などは商業の発展と同時に工業の発展でも目覚しかった。特にオランダの繊維業、染色業はイギリスの工業革命の前提となったものである[27]。

　世界で最初の工業革命はイギリスで起こった。その原因はいくつか挙げられる。

① イギリスはすでに16世紀から世界の海を支配し、商業資本が潤っていた。蒸気機関の製作には膨大な資本が使われた[28]。

② エンクロージャー（土地の囲い込み、農民の締め出し運動）による無産階級の増加で、安価な労働が入手しやすかった。都市貴族（ブルジョワジー）とプロレタリアートの出現である。

③　集約労働による膨大な製品は、海運力によって世界を消費地とすることができた。悪名高き三角貿易（イギリスの工業製品、アフリカの奴隷、そしてアメリカの原料供給）の繁栄はとどまるところがなかった。

世界の経済覇権国イギリスは、ライバル（フランス、ドイツ、そしてアメリカ）が現れる19世紀半ばまで、その自由貿易（イギリスにとって）で他国を凌駕し、学術（経済学）の面でも一世を風靡した。経済学の父といわれるアダム・スミスは18世紀末に「国富論」を出版し自由貿易の正当性そして「見えざる手」による需給価格の設定を理論化した。その後デイヴィッド・リカードは貿易優位説をとなえていかにも交易が双方の国にとって利益をもたらすかを説いた。しかし、これらの理論は自国が優位に立っているゆえの自由論である。しかしながら、ジョン・スチュアート・ミルは「経済原論」の中で国民の生活が経済の繁栄に対してそれほど貢献していないことを意識し経済の発展と国民の幸福論を展開した。すでにイギリスはライバルが出現する前に経済不況を経験しその経済体制の矛盾に突き当たったことを認めざるをえなかった[29]。

資本主義成熟期（1800～1900）

一度西洋思考が導入されそれによる効率性と近代科学はどの分野にも波及し、資本はその利潤を求めて社会の隅々また世界の果てまでまたたく間に広がった。19世紀にはどの大陸でも工業生産様式が紹介され今までの農業を主とする小規模生産が消滅していく。もちろん歴史の示すごと

く各地でその地域の民衆が生産力を自ら導入し、生産様式を資本主義に変えていったのでない。ほとんどの工業都市は西洋（イギリス、フランス、そしてオランダ）からの影響（支配）を受けながら発展したものである。19世紀の半ばにはイギリスではすでに恐慌を経験しているために自国の資本主義工業生産は成熟期に達したようである。不況は資本を海外に向けさせ今まで自国からの工業製品の販売地（市場）と原料供給地であったところが西洋の資本によって工業化が進む。安い労働力と原材料そしてその地で消費する工業化は資本にとって好都合で、19世紀半ば以降は世界規模の植民地化が進んだ。20世紀に入るころには地球上の主要な国はすでに列強の支配下に入ったが、日本は以前（江戸期）の商業資本と列強国の貿易に魅力とならなかったために植民地主義の支配を逃れることができた。それは逆に日本での独自の西洋化を引き起こしハード（生産力）の面だけを西洋から導入し、ソフト（制度）は封建制から変わるものでなかった。廃藩置県の実施と明治国家の設立は西洋的な政治のように見えるが王政復古の導入でむしろ思想的には儒教国となった。

　20世紀を迎えるまでに工業文明の成果は世界中に広がりだれもその影響を受けないで生活することは不可能となった。人類史の中でこれほどの規模の生産様式（文明）が短時間に広がったことでその文明にどう合わせて生活するか戸惑う人たちが多数いても不思議でなかった。また、この文明は世界の片隅で静かに生活していたどんな未開な人々までも無理やり飲み込んでしまった。西洋文明（工業化）

は世界の生産の主力でありこのことを理解しなければ世界に乗り遅れることは必然である。この文明を支える西洋思考、つまり論理的な思考構造と効率性を生み出す合理的な思考を無視してはこの文明にだれもついていけないことを物語っている。残念だが、日本人だけがまだこれを認識していない。

　資本主義（工業革命）発展の後発国となったドイツ、イタリア、ロシア、そして日本がその市場を求めて世界へ羽ばたこうとする20世紀は、すでにイギリス、フランス、オランダ、そしてアメリカが世界市場をほぼ分割していて分け入る隙間がなかった。20世紀に入り帝国主義者の世界再分割が始まり第一次世界大戦の終了をもって世界の覇者はこの21世紀に至るまでほぼ不動のままである。

第3節　合理性の限界と日本人の次の課題へ

1．戦争の20世紀と西洋思考の限界

　西洋思考は科学を生み出し効率的な生産によって未曾有の発展を遂げたが、他方この思考の発想の原点は私有財産制度に基づく競争であるためにそのとどまるところを知らない。どんな善良な人でもひとたびこの競争に巻き込まれると我を忘れひたすら走り続けるのが資本主義の特徴である。倒すか倒されるかが資本の論理でありダーウィンの自然淘汰に合ったものである。共同生活する人間社会と敵対する競争が入り組む資本主義社会に安定した平和を求める

ことは不可能である。慈善家は資本主義の発展の能力を褒め称えるがどの制度、組織すべての自然においても限界があることに気付かなければならない。ヘーゲルの弁証法はそれを物語っているが彼自身観念論者のために自分の住んでいる制度を超える理論を持ち得なかった。我々の哲学（弁証法）はこれを教えてくれる。

　よく世間では20世紀を科学時代と呼ぶが高度な技術とそれに支えられる科学はすべて資本に利用され利潤を生み出す手段に過ぎなかったことが100年を経た今日気付いた人は多いと思う。20世紀を体験して地球は巨万の富を支配するわずか一握りの（1000人にも満たない）[30]富豪クラスと、数十億人が一日の生活に困難な経済状態に置かれている現状をみている。この異常さはこれから先無視できるだろうか。地球上の計り知れない社会資産が個人の手にゆだねられ自由に処分されるのを見過ごしてよいのだろうか。すでに利益を生まない生産手段はたとえそれがこれから100年先まで使用できても捨て去られる（膨大な廃車の量をみよ）。日本では利潤の回転率を上げるために住宅をローンの支払いの前に取り壊し建て替えるなどまったく無謀な資本の論理が繰り返されている。消費者の豊かさへの追求は自然の限度をはるかに超えている。そして、定期的に押し寄せる戦争の特需で需給のバランスをとってきたのが20世紀であった。第一次世界大戦から始まった一連の数か国以上を巻き込む戦争（冷戦も含めて）は21世紀に入っても続いている（イラク、アフガニスタン地域）。ここにきて我々は、西洋思考の限界（合理性、効率主義）を認める

べき時代となった。

　自分にとっての都合のよい理由（合理性）でもっともらしく生きることも西洋思考の一面ではあるがもうすでに世界は物理的な限界にきている。一方で富の集中と他方での貧困の増加はどこかで大きな衝突を起こしかねない。貧困への不満は宗教の対立やテロとなって表れているがいつ大戦争になるかわからない。それを意識してか世界の大富豪の一部は自分の資産の半分を慈善団体へ最近寄付する運動を始めた（ビル・ゲーツ等）。この運動はあくまで上からであるので貧困をなくすには制約がある。この制度をもっと民主主義的な改革としていくには底辺からの理性をもった運動が必要である。すべての共同体が民衆の命を守る最低限のインフラストラクチュア（水道、電気、公共交通機関、医療設備等）を資本の論理からはずす必要に直面している。最低限の生活レベルの保証で失業しても命をつなげることができ当面は賃金を低く抑えることで生産コストが安定し私企業の発展にもつながる。市民の民主的な共同体の主導によって利潤目当ての大企業の横暴は極力防ぐことができる。基本的に工業文明の利益を一人ひとりが享受するには理性的な生活行動が主体となる。各自の良心的（理性）な必要と能力に応じた、そして周囲（他人の自由）を認めた生活がこれから必要となってくる。

　人類の幸福をものの豊かさに求めるか、それとも自然とのバランス（限界）のとれた生活に求めるか。競争よりも協力、調和で開発、発展が偏らないことは人類にとってよい。また、他の生き物や環境を破壊したのではいずれ我々

自身に降りかかってくる。一時的な利益よりも長期的な安定した発展を望むべきである。工業文明によって人類はすでに生産力では自然を超えた。今多くの人民（無産労働者）がいつも心配するのは失業である、しかし、これは自然のせいではない。きちんとした社会制度の下で生きた人間を浪費することは社会そのものに負担をしいる。つまり、働かなくとも生活を保証することは市民の負担でもある。この資本主義制度は適度な失業を保つことで賃金を安く抑えることができるメリットをもっている。また、定期的な資本主義制度による不況はどんなに政府や良心的な政治家が一時的な政策を打ち出して根本を変えない限り失業や貧困をなくすことは不可能である。人間の制度は新しい生産力が生まれ発展するにつれて変えていかなければならない。そのことはこの本を通して何度も言及してきている。今の問題は過去の偉人たちの知恵を借りても解決の道にはならない。なぜなら、彼らの理論（今では宗教や儒教の「論語」になっている）はその当時に適したものだからである。今我々が必要としているのは現実の問題を解く生きた理論である。西洋思考の遺産となっている合理性ではあまりにも性急すぎる。もっと全体を見渡せる理性が欲しいものである。

第5章 「大人」の目で見る日本の課題

　西洋思考によって我々が抱えている問題はどう見えるだろうか。すでに以前の慣習や潜在的な先入観によって当然（自然）のことのように思われていた読者が、この西洋思考で見方が変わり今日日本が直面する課題にどう対処するか提議してみたい。

　再度確認すると、西洋思考とは合理的かつ効率的な思考と、理路整然とした説明法（論理性）によって現実の問題に対処できる最適な思考法である。なぜなら、我々が生活しているのは工業文明であって、この思考法が新科学を創造して達成させたからである。

　我々日本人が封建的なベールから目覚め、いわゆる「西洋人の12歳程度」の精神を脱ぎ捨て、一人ひとりが自律し独立した思考を備えたならば、今から私が提議する課題（迫り来る危機）に目をそらさないで見つめることができるはずである。そして、課題が明確になるほど解答はすでに近くにまで来ていることである。

第1節　歴史の認識

1．なぜ歴史が無視されるか

　歴史の無知は悲劇を繰り返す。これは日本人が国際舞台

に立つ上で避けて通れない問題ある。自国のことをしっかりと認識した上で他国を理解するのが順序である。そうでなければ、討論の中で説明に行き詰ることがたびたび起こる。ほとんどの外国滞在経験のある人は、自国の歴史の知識のなさに驚く。そして、他国の人は歴史に誇りと自信を持っていることに気付く。アメリカでは市民権をとるのに歴史の試験があるが、市民はそれだけ自国を知る義務を課せられている。どの国も過去において過ちを犯さなかったことはなく、二度と繰り返すことがないように自覚するために歴史の勉強が強調されているのだ。アメリカの民主主義の理念「公開の義務と表現の自由」は、イギリス植民地主義の圧制から血を流して勝ち取ったものであり、自らも圧制してはならないことをアメリカ市民はこの歴史から学んでいる。

　しかし、日本はどうだろうか。国家はむしろ国民を無知のままにしておきたいような気がしてならない。国民が過去を知らなければ日本が今まで行ってきた事柄に責任や反省などできようがない。我々は過去を無視して経済至上主義を驀進してきた。だが、この失われた20年でじっくり歴史を見直す機会を与えられているのではなかろうか。世間で言われる「戦後」は終わっていないことの例を一つとっても、歴史を学ぶ必要がある。今歴史を学ぶ機会を見逃せば、これから日本の発展はかなり難しいと思う。もはや世界は一国で成立する時代ではなく、隣国との協力、協調なしでは国を維持するのが困難であることは世界が地域圏（ユーロ圏、またアフリカ、南米、北米圏等）に収斂して

いることを見てもわかる。日本人が自国の歴史を認識し、きちんとして足元を築いた上でからでないと、平等な国際関係は発展しない。

この書物は冒頭で「声を持たない日本人」から入った。「意見が言えない、討論できない」のは英語が下手ではなく、ものごとの無知、論理性の未発展であることをこの本は強調している。特に日本人の歴史の無知は世界に例を見ないほどのものである。この無知ゆえに、しっかりした理念を持ち合わせていない。その原因は、国家の「歴史を無視する」政策にあると思われる。そして、歴史を英雄論的なもの（今は坂本龍馬がブームとなっている）で茶化そうとしているのがわかる。国民が自国の歴史を知らないことで、一体誰が得をするのだろうか。それは、現体制の中でよい暮らしができる人たちである。だが、この体制（明治維新から続く商人資本と国家官僚そして保守政党の三位一体）はすでに崩れ、国家官僚だけが何とか維持しようと必死にもがいているにすぎない。すでに行政改革と事業仕分け等によって天下りの脈絡が途切れだしている現実では、民主的な国家に置き換えられることは時間を待たない。国家が歴史の現実に立ち向かうには、「天皇と歴史」の課題が国民の前できちんと説明される必要がある。これに答えを出せるのは、西洋的な思考によるしか手はないと思う。

2．天皇と歴史

今日の天皇は憲法が規定している日本国と国民統合の象

徴であることは言うまでもない。しかし、現実には天皇はもっと深く堅実に国民の精神的な主柱となっているのは周知のごとくである。天皇への特別な配慮（言葉遣い）や年中行事での厚いもてなし等において、同じ国王を置いているヨーロッパ諸国に比べたら日本はかなり違っている。天皇は倫理上を超えて信仰的な存在である。そして信仰的な天皇は現実の歴史と直面せざるを得なくなる。国民が自分の歴史をはっきりと見ようとしないのは、このことがネックとなっているからに他ならない。では、いったいこのような天皇（まるで生き神様）はどのようにつくられ、そして何（誰）によって支えられてきたのであろうか。今、社会の激動の時期にその支柱が崩壊すれば、天皇の身分そのものが危ぶまれる。哲学が示すようにすべてが永代に続くものではなく、天皇が存続の意思があれば我が身（性格）を変える必要に迫られることは間違いない。官僚国家が少しずつ民主国家に移行している今、天皇はどこへ向かうであろうか。

　天皇が国民の前に突然現れるのは、幕末の動乱期が収まり、いよいよ日本全国民を平定するころである。幕末時の天下分け目の戦いでは、朝廷は一般国民の前でなく例のごとく支配者たちのごたごた（権力闘争）の調停役であった。この役目は、天皇が実際の政治の舞台から引いた奈良時代末期に遡る。大和政権が武力（大化の改新、645年）によって日本ではじめての中央集権国家を樹立し、天皇自ら政権に就いたのはわずか一世紀たらずであった[1]。その後、この律令国家は約400年をかけて徐々に公家や武家

による封建制（荘園）へ移行することになる。だが、この律令制は、鎌倉時代から続く封建的な国家においても江戸末期までその時代の政権と共に続いてきた。この天皇権力（調停権）は、支配階級の間ではかなりの効力を持っていたことは確かである。鎌倉幕府といえども、朝廷から征夷大将軍の地位を授けてもらうのであった。しかし、平民の前には明治まで決して現れては来なかった。たぶん京都以外では天皇の存在すら気付かなかったかもしれない。では、なぜ突如として現れたのか。実際に政治をするためであったのか。明治天皇自身が自らの意思で権力の座に就いたとは信じがたい。王政復古の大号令は天皇の名で発令されたが、15歳で執政をするのは不可能で、薩長側近がすべてお膳立てしたことは明治国家の行政を見ればわかる。薩長連合軍が天皇を擁立することで、幕府には「大政奉還」を迫り、数年後には全国諸藩をいやおうなく「廃藩置県」に追い込むことができた。しかし、国民にとってはまだこの時点では天皇は見えてこなかった。商業資本のバックアップ[3]によって達成した明治国家は、国の制定に３つの連携が必要であった。まず、生活が基本とする経済主体は商人資本が役目を持ち、新しい制度の立法は刀を捨てた武士階級（貴族）に、そして国民を統制する手足となる官僚は下級武士が担当した。この三体の支援で天皇が擁立できたことは疑いない。したがって、天皇を主権とする国家はできたが、実際には明治国家は天皇制からは程遠いものであった。時代はすでに農業を主体とする社会から商工業へ移っていたのだから、当然商人資本の意向なくして政治は

進まなかった[4]。

　天皇が時代の節目に出現する日本の制度について、もう少し知る必要がある。通常他国では、時の権力者の崩壊はその名前すら歴史から消えうせるが、天皇は地味にそして静かに千数百年あまり存続してきた、もちろん政治に口を出して失敗した承久の乱などもあったが。権力者は天皇の存在をむしろ歓迎していたのではなかったろうか。その慣習が今の権力者にも残っている。権力者は、自分が不利な時や同等の権力者と渡り合うのに天皇の名を利用してきた。特に武士階級の闘争ではそうであった。鎌倉、室町幕府が主権を授かるときや、豊臣秀吉など自ら関白の要職を朝廷に願い出る卑しいものもいた。もちろん秀吉は、ライバルの徳川や毛利などを治める手段として朝廷を利用しただけである。織田信長に至っては、抜け殻となった将軍足利義昭など気にせず、もう少し朝廷に関心を示したほうが無難であったかもしれない。上洛したら朝廷に挨拶をして、何らかの位を取得して全国を平定したほうが手っ取り早い国取りだったと思われる。

　天皇が存続できたのは、日本の気候、地理、そして農業生産関係に由来する。前述したごとく、日本の農業生産は天からの雨頼みであった。しかし、鉄の生産が増し、河川流域での小規模治水農耕が始まると、集落が河川に沿って出来てくる。この集落を統治するのに豪族が登場するが、これがいわゆる武家であり封建制度の基礎をなした。彼らには政治（武力）の才能だけでなく農業経営にも手腕が必要であった。武田信玄のごときは、治水を重要な政策にお

いていた。集落ごとの問題は治水であり、上流での堰が適切でないと下流に大きな被害を及ぼす。また、農奴は奴隷ではなく場所に縛られないので、条件のよい棟梁に頻繁に鞍替えすることもできた。このような領主間でのトラブルは常に調停を必要とし、その都度、朝廷が口を挟む絶好の機会でもあった。この条件の下で、天皇が手厚い扱いを受けていたのは当然である。もちろん、下層階級の農奴にとってはまったく関係のないことではあったが。

　このような歴史の過程で天皇は継続してきたが、今日重大な歴史的局面に立っていることは間違いない。それは、明治初期に天皇を擁立してきた三位一体が総崩れを起こしているからである。そして、最後になった国家官僚は天皇を隠れ蓑に何とか延命を図ろうとしているが、すでに手遅れの感がする。行政改革と事業仕分け等によってもはや分解を待つのみとなってしまった。当然、天皇の身分にも何らかの影響があることは予想が付く。

３．民主国家と天皇：理性と信仰の共存

　国民がきちんと歴史を知ることで天皇との矛盾が生じることはやむを得ないかもしれない。これを歴史の上から合理的に見ることはできるが、天皇を倫理性という立場から理性で理解することは可能かと思われる。やがて天皇は信仰の対象からはずれ、倫理的な存在として西洋の皇族のように国民の中で生活するのではなかろうか。西洋思考が最も進んだイギリスやアメリカでも宗教（信仰）は存在して

いるし、そしてたとえ科学者であっても聖書の「創世記」を信仰上受け入れ、キリスト教を信じている現実を見れば、信仰と理性とが共存することは可能である。民主主義国家であって皇族が存在するイギリス、オランダ、デンマーク、そしてスウェーデン等の国では、国民は彼らを倫理的な存在として認めているようだ。もし国王たちが政治の舞台に登場したりして国民が彼らの歴史を追及したならば、国全体のまとまりはなくなるであろう。

　天皇の名を使って自分の身を守ってきた国家官僚が消滅し、本当の天皇の素顔を見れば、道徳観念上、民主主義と共存できる。天皇を尊重するにも民主主義国家の方がふさわしい。最近、皇族の私生活に変革を示唆しているところが教育の中で見られる。子息を早くから留学させることは彼らの本当の自由を表現する唯一の道かもしれない[5]。一般国民はきちんとした自国の歴史を学ぶ上で、今、天皇と歴史の問題にギクシャクしているようだ。だが、天皇を倫理的にとらえることで現実の日本史を見直すことができる。このような理性的な判断で日本の本当の歴史を見ていかなければ、国民は同じ歴史を繰り返すことになる。

第2節　三位一体の崩壊

　明治維新以来続いてきた商人資本、保守政治団体（党）、そして国家官僚のトロイカ体制は崩壊したといえる。2009年の衆議院議員選挙で保守派の自民党が大敗を喫したのが歴史のターニングポイント（分岐点）であったといえる。

そして、人脈（天下り）を通して日本経済と政治を取りまとめてきた国家官僚は、さらなる行政改革と現実的な事業仕分けによって手足をもぎ取られていく有様である。他方、日本経済体制の主体であった商人資本は、バブル崩壊後（1991年）一時的には総合商社も低迷したが、従来の伝統（財閥同士のライバル意識）を捨て連携しながら、世界を舞台にして生き残っている。今までの総合商社は日本株式会社の代表として世界を走り回っていたが、今度は独自の理念で世界との競合に奔走している。彼らはすでに保守政党が守ってきた諸制度（規制）に頼ることなく、また護送船団の中であまんずることなく、日本の古い体制（アンシャン・レジーム）からすでに脱皮したといえる。

　この三位についてもう少し詳しく述べてゆきたい。

1．三位一体を支えてきた商人資本の変化

　バブル経済の崩壊によって日本の産業構造は著しく変化した。従来の商人資本の系列（流通または情報を賄う総合商社、重厚な工業生産企業、そして資金調達役の銀行）、いわゆる財閥系が崩壊し、独自の道を模索しながらこの20年間を過ごしてきた。総合商社は系列企業の物資調達や情報の提供などの番頭役から、独自に製造業の中ですでに工業資本家となってきている[6]。また、この製造業を通して今までの系列から横のつながり（他の総合商社との連携等）が目だってきたのは無視できないものである。製造業に至っては、かつての重厚産業である製鉄、造船等から自

動車、家電、カメラ、そしてコンピューター等の直接消費財の生産へ、そして今日日本が巻き返しを図っている情報技術産業（Information Technology Industry）への移行が、この20年あまりで進展したといえる。この産業構造の変化に、日本人のほとんど化石化した頭（ものを作れば売れる）は追いついていくのが困難となっているが。特に系列を指導してきた銀行は、IT 産業のベンチャー企業への援助を拒むために、日本の IT 企業は世界で遅れをとっている。

　他の産業構造の変化では、原材料の供給から部品調達そして販売経路まで系列一筋であったものが、各自で生き残るために義理、人情を捨て、合理化をもとにどこにでもチャンスがあればどの市場にも参入するようになった。特に子会社は、他の親企業へも取り入り、競争を激化させて効率化を図る役目を果たしてきている。今までの系列の中でぬくぬくとしていては、どの企業も世界との競合では生き残れないことを悟ってきている。

　もっとも大きな変化を被ったのは、自業自得の金融業であろう。資本主義での金融業は、根も葉もないところから儲けようとする貪欲の根性が基本となっている。資金をころがしながらバブル（泡）のようにどこまでも膨らませていく。弁証法の法則では、ある一定の量で当然質的な変化が待っている[7]。

　この産業構造（哲学的には下部構造という）の変化が制度的（上部構造）な変化をきたすことは、当然である。系列を守り抜いてきた規制は、すでに必要ではないのであ

る。だが、その規制をしっかりと守ってきた保守党は気付くのが鈍い。それもそのはず、保守党国会議員の大半は世襲議員でぬくぬくと育ってきた貴族であり、社会の変化を読み取る才能など持てるはずがなかった。

2．55年体制保守政権の崩壊[8]

　1955年（昭和30年）結成以来保守政権を担当してきた自由民主党が１回目の危機に直面したのは、遠く遡って1970年代の２回の石油危機であった。実際には石油不足などはまったくなく、大手の石油供給者が寡占の力を利用して人為的に価格を吊り上げたのが原因であった。そして、現実には経済不況（なぜ日本人は不況という言葉を使わなかったのか今でもわからない）であったのだが、基本的な構造改革をせず、小手先（国営企業の民営化等）で資本の過剰を抑える政策を行った。失業等で社会の不安が増したが、何とか老人たちからの票を獲得することで、自民党は政権を維持できた。当時の年金のばらまきが今国庫に重くのしかかってきているのは、周知のごとくである。老人は降って湧いた年金を拒む理由はなく、こぞって自民党に票を入れたものである。その財源は、戦後初めて発行された国債であった。２回目の危機はバブル崩壊後で、一時は連立政権樹立で保守政権が倒れかかったが、連立政権の分裂等で再度政権の座に就いた。だが、すでにその地盤は崩壊寸前であったといえる。傷を負ったトラは身内までもかみ殺すが、その策にこの保守党はいよいよ着手する。「自民党を

ぶっ壊す」と叫んで世論を独占した小泉政権は、かつての盟友国家官僚を見捨てることで何とか存命を望もうとして、2008年まで頑張ってきた。

　仲間を裏切った保守政権は自らの破滅を招いた。その結果は、衆議院総選挙（2009年）の大敗であった。郵政民営化改革では保守（地方局などは特に）と労働組合が呉越同舟で戦い、前回の人気改革（民営化）に歯止めをかける結果となる。保守層たちもまた、自民政権に嫌気がさしたのである。この政権は国家官僚を民間人にしようとする試みであったが、経済基盤を握る資本家（大企業）が動かなければ、官僚は政治家に譲歩する必要はなかった。大企業にとっても、この古い体質の法の作成者は必要でなくなったようである。このようにして、保守政権は800兆円以上（2010年）もの国の借金を残して次の政権へ交代することになった。とりあえず三位一体の一本の足はすでに独立独歩で世界に飛び出し、もう一本は時勢に追いつけず自ら破滅に落ち込み、そして鼎の最後の足、国家官僚はもがきながら民主的な行政改革と事業仕分けの矢面に立たされている。

3．国家官僚の変貌

　国家官僚の鼎を支える物理的なものは「天下り」であったが、民主党政権（2009年）に変わって、「公開法」等によって、また事業仕分け作業の履行によって、その行動はかなり狭くなってきている。官僚独自の経済的基盤であっ

た独立企業団体の縮小によって、官僚は冬の時代を迎えている。また、「天下り」に対しても社会の風当たりが年ごとに強くなって、大企業とのもたれあいが減少している。もちろん共同体や国家が存在すれば、行政の担当者が必要であることは言うまでもない。ただ、この担当者が国家の手先となるか市民の手足となって働くかである。民主的な改革（行政、事業仕分け）によって、果たして今の官僚が自己を改革できるだろうか。

　官僚が自らを変えることは無理、なぜなら責任を取ったことがない。「してやる」の面子があり、謝るなどの言葉は持ち合わせてはいない。だから、民主的な下からの改革で変えてゆくこと以外にない。「天下り」の人脈を断ち切って、また「独立行政法人」の合理化でかなり民主的な官僚になることを望みたい。

第3節　日本の将来　迫り来る危機

　過去20年間を一望すると、日本はこれから先も右肩上がりの発展を望むのは難しい。国家の膨大な借金が国民一般の生活を苦しめていくことは間違いない。世界的に見たら日本人はまだ裕福のようだが、すでに6人に1人は窮乏生活を強いられているのが現実である。まるで日本は、かつての財産を食いつぶしながら生活しているように見える。この財産にはもちろん預金や証券等が含まれるが、国の財産としては、社会が育て上げてきた個人の技術、世界に誇れる文化、そして地理（国土）までも含めることができ

る。これから先、日本が自力の発展ができなければ、これらを身売りして生活していくことになる。

　日本は正当に外国人を受け入れることができるか。彼ら外国人に対応する能力を今の我々は持っていない。今、日本は東洋人の魅力（学び取る国ではなく）となっている。それは、私有財産制で不動産も私有できることや高度な技術を買える等による。たとえ東洋人といえども、彼らの多くは西洋で教育を受けてきているために、日本人の対応はかなり難しくなる。彼らの経営哲学もすべて西洋で磨いてきたものであり、日本的な官僚主導の経営はまったく時代遅れとなっている。中国は20年あまりで日本から技術を学び、次に経営学をアメリカで学んでいる。

1．日本の植民地化を防げるか：「黒船」は大陸から

　中国はついに国民総生産では日本を追い抜いたといわれている（2010年）。およそ40年続いた日本の経済大国世界第2位の座は、隣国に明け渡すことになった。日本は羽振りのよい時代に世界の財産（ニューヨークのビルまで）を買いまくったが、これからはチャイナ・マネーが注目される。かつての日本と違うのは、中国国内では個人の資産（土地等）が制限されていることである。個人の使用権はあるが、所有権はない。そのため、個人資産の永久保持や投資目的で日本は魅力的である。残念ながら、著者は最近のニュース等で中国人が別荘地の視察や都内の賃貸ビルの投資問題を耳にするだけで、実際の統計資料は手元にな

い。しかし、これから「黒船」が大陸からやってくることは間違いない。その理由として挙げられるのは、①日本の不動産を個人私有資産として所有できる、②都市の不動産の価値は高く、投資に充分見合う、③安い労賃を求めて海外へ出た中小企業等の熟練労働者が日本国内にたくさんいることで、高度な技術を買うことができる、④中国の富裕層は日本の別荘地を永久資産や投資の目的にできる。最後に５番目として、現在（2010年）中国は2.3兆円あまりの日本の国債を持っている。これらは本来の資本家間の企業買収とは質的に違ってきている。日本の社会の中に入り込めば、個人的な摩擦などは当然生じる。国際的な論理を主張できる人でなければ、彼らと対等に交渉はできない。この書物の冒頭の会話の中で、日本人はアジア人にも馬鹿にされる様子を示した。もうすでに日本人は東洋の中でも孤立してきている。本当の「黒船」は大陸から容赦なく入り込んでくるのは確かであろう。

　日本の指導層は、何かと不利な状態になると「黒船症候群」を煽り立て、国民に被害妄想を持たせ続けてきた。チェイニー国防長官は、「日本の指導者層はアメリカを利用している」とふと漏らしたことがある。今まで日本はアメリカに「甘え」られていたが、大陸からの「黒船」はかなり厳しいものとなる。

２．創造力をもつ人間を育てることが日本を救う道である

　日本人は今でも儒教思想を持ち、科挙的な制度で安泰な

生活を望もうとしている。よい大学へ入って大企業、国家公務員等にありつこうと、小学生から遊ぶ暇なく塾通いをさせ猛勉強させている。これは、一国が外と交流がなく、その社会の中だけで生活する場合はよい。このような化石ともいえる社会は、世界中どこにもない。しかし、日本人の頭の中にはまだ存在している。狭い小さな極東の端で受験勉強などの競争をしても無意味である。所詮日本のどの大学を出ても、世界で通じる人材を育てることはできない。

　特に最近不況のせいか、小さいときから知識をたくさん身に付けさせようと朝から晩まで勉強させている家庭が目立つ。このような「秀才」の子弟は将来どうなるか。人間本来の習性「第六感」を習得せず育っていくと、大人になって人間関係につまずく。また、自ら思考する能力を持たず、自律、能動的な生活ができない。知識だけを習得する安易な東洋的な勉強では、世界では人間が伸びないのは当然である。高い教育を受けさせたい親心はわかるが、のびのび育って中学あたりから自分の判断で進路を決めていけるのが理想である。進路途中で失敗しても、本人が決めたことであり、また次のことに挑戦していけばよい。子供は何度も失敗して成長していくが、日本の社会ではそれを受け入れる器量を持っていないといえる。もうすぐ、いやすでに我々は世界の人たちと実際に競っている。だが、そう見ようとしないだけである。小学校で英語教育が必要かどうかの議論ではない。頭の古い人は今でも、「他国の文化と習慣にふれるため」の英語と思っている。今、英語は世

界の共通語であり、世界中どこでも話されている。西洋の文化を知るのでなく、世界中どの人たちとも話せ、意思疎通していくことは、これからの常識である。

　私は、日本の指導者や学術研究者がテレビの画面等で外国人たちと討論しているのをほとんど見かけたことがない。特に海外での経験の肩書きを持っている指導者は、堂々と胸を張って外国人たちと討論をしている実例を頻繁に示していただきたい。そうすれば、若者たちはもっと勇気付けられるに違いない。

主な参考文献

●一般
「世界大百科事典」平凡社
「日本史大辞典」平凡社
「日本史史料」歴史研究会編　岩波書店
「日本経済史」岩波書店
MONTHLY REVIEW　in New York, being subscribed for thirty three years.
「マルクス　エンゲルス全集」大月書店

●哲学
The Genesis of Plato's Thought by Alban Dewes Winspear S.A.RUSSELL in New York 1956
The First Philosophers by George Thomson LAWRENCE&WISHART 1972
The REPUBLIC OF PLATO by Francis Macdonald Cornford　OXFORD UNIVERSITY PRESS
THE POLITICS OF ARISTOTLE Edited and Translated by Ernest Barker OXFORD UNIVERSITY PRESS 1971
GREAT DIALOGUES OF PLATO Translated by W.H. Rouse NEW AMERICAN LIBRARY 1956
「プラトンのイデア論」ウィリアム・デヴィッド・ロス著　田島　孝／新海邦治訳　哲書房
THE ENGLISH PHILOSOPHERS FROM BACON TO MILL Edited by Edwin A. Burtt THE MODERN LIBRABRY
INTRODUCTION TO ST. THOMAS AQUINAS Edited by Anton C. Pegis THE MODERN LIBRARY
HEGEL Reason in History Translated by Robert S. Hartman The Library of Liberal Arts
THE PHILOSOPHY OF HEGEL Edited by Carl J. Friedrich MODERN LIBRARY
HEGEL SELECTIONS Edited by Jacob Loewenberg CHARLES SCRIBNER'S SONS
「ヘーゲルを読む」長谷川宏著　河出書房新社
「岩波講座　哲学」岩波書店
「西洋哲学史要」波多野精一著　牧野紀之　再話　未知谷

●歴史（日本）
A HISTORY OF JAPAN George Sansom STANFORD UNVERSITY PRESS 1958
A DIPLOMAT IN JAPAN Sir Ernest Satow Yohan Classics
THE MIKADO'S EMPIRE William Elliot Criffis Yohan Classics
SHIMODA STORY Oliver Statler Random House ［下田物語］
JAPAN IN TRANSITION FROM TOKUGWA TO MEIJI edited by Marius B. Jansen and Gilbert Rozman Princeton
「日本古代史社会の基礎構造」原島礼二著　未来社
「古典古代の社会と国家」弓削達　伊藤貞夫編　東京大学出版会
「歴史科学体系」校倉書房
「日本古代王権形成史編」山尾幸久著　岩波書店
「日本古代国家史研究」原秀三郎著　東京大学出版会
「日本古代国家成立史」吉田晶著　東京大学出版会
「日本原始文化の構造」三森定男著　雄山閣
「律令国家と農民」鬼頭清明著　塙書房
「日本古代国家論」石母田正著　岩波書店
「中世動乱期に生きる」永原慶二著　新日本出版社
「日本中世の流通と商業」宇佐美隆之著　吉川弘文館
「中世日本の商業」豊田武著　吉川弘文館
「座の研究」豊田武著　吉川弘文館
●歴史（世界）
「中国経済史研究」西島定生著　東京大学出版会
「中国古代国家と東アジア世界」　西島定生　東京大学出版会
「中国古代社会論」渡辺信一郎著　青木書店
「古代インド」中村元著　講談社学術文庫
「先史時代のインド文化」D・H　ゴードン著　青江舜二朗訳　紀伊國屋書店
「南アジア史」先史・古代　山崎元一・小西正捷編　山川出版社
「シルクロード」NHK「シルクロードプロジェクト」編書
「ヨーロッパの誕生」マイケル・アルフォード・アンドリュース著　西川治訳　東洋書林
「フェニキア人」グレン・E・マーコウ著　片山洋子訳　創元社
「古代ギリシャ」ジョン・キャンプ　エリザベス・フィッシャー著　吉岡晶子訳　東京書籍

「古代ギリシャ人」ポール・カートリッジ著　橋場弦訳　白水社
「ギリシャ人がきた道」トマス・ケイヒル著　森夏樹訳　青土社
MAN MAKES HIMSELF by Gordon Childe New American Library
STUDIES IN ANCIENT GREEK SOCIETY by George Thomson The Citadel Press
GREECE by M. Rostovtzeff Oxford University Press
「中世の覚醒」リチャード・E・ルーベンスタイン著　小沢千恵子訳　紀伊國屋書店
ECONOMIC AND SOCIAL HISTORY OF MEDIEVAL EUROPE by Henri Pirenne Harvest Books
MEDIEVAL CITIES by Henri Pirenne Princeton Paperbacks
INDUSTRY AND GOVERNMENT IN FRANCE AND ENGLAND 1540-1640 by John U. Nef Cornell University Press

●経済

「アジア的生産様式論」森谷克己著　育生社
「アジア的生産様式論」塩沢君夫　御茶の水書房
「アジア的生産様式研究」小林良正著　大月書店
「アジア的生産様式」F. テーケイ著　羽仁協力訳　未来社
「アジア的生産様式と国家的封建制」福富正美著　創樹社
「東洋的専制主義」ウィットフォーゲル著　アジア経済研究所訳　論争社
「東洋的社会の理論」ウィットフォーゲル著　森谷克己、平野義太郎訳編　日本評論社
「鉄を生み出した帝国」大村幸弘著　日本放送出版協会
「稲と青銅と鉄」森貞次郎編　日本書籍
「稲と鉄」日本民族文化体系　小学館
「東アジアの初期鉄器文化」塩見浩　吉川弘文館
「古代の鉄と神々」真弓常忠著　学生社
「西ヨーロッパ封建制の展開」小林良正著　大月書店
「ヨーロッパ中世経済史」クーリシェル著　増田四郎監修　東洋経済
「日本経済史」塩沢君夫、後藤靖編　有斐閣
EONOMIC HISTORY OF EUROPE by Clough Cole Heath
INDUSTRY AND EMPIRE by E. J. Hobsbawm Pelican
POVERTY & CAPITALISM IN PRE-INDUSTRIAL EUROPE by C. Lis & H. Soly Humanities Press
「近世農村における市場経済の展開」植村正治著　同文館

「近代移行期における経済発展」神木哲男・松浦昭編著　同文館
「日本近代経済形成史」高橋亀吉著　東洋経済
「近代日本経済の歩み」佐々木寛司著　吉川弘文館
「近代日本経済史の基本問題」山崎隆三著　ミネルヴァ書房
「豪商たちの時代」脇本祐一著　日本経済新聞社
「日本近世商業史の研究」山口徹　東京大学出版会
「幕藩制解体期の経済構造」小松和生著　清文堂
「鎖国と藩貿易」上原兼善著　八重岳書房
「近代日本とイギリス資本」石井寛治著　東京大学出版会
「イギリスと第一次世界大戦」ブライアン・ボンド著　芙蓉書房
GLOBAL CAPITALISM by Jeffry A. Frieden Norton
AN ECONOMIC HISTORY OF TWENTIETH-CENTRURY EUROPE
　by Ivan T. Berend Cambridge
「日本株式会社の昭和史」小林英夫著ほか　創元社
「日本の財閥と三菱」旗手勲著　楽遊書房
HOUSE OF MITSUI　Tokyo Mitsui Gomei Kaisha 1937
「総合商社と世界経済」大木保男著　東京大学出版会
「総合商社とマーケテング」曽我信孝著　白桃書房
「財界とはなにか」菊池信輝著　平凡社
「日経連」ジョン・クランプ著　渡辺雅男・洪哉信訳　桜井書店
「戦後日本経済と経済同友会」岡崎哲二著ほか　岩波書店
「戦後の日本経済と貿易」花原二郎著　筑波書房
「戦後の日本経済」中央大学経済研究所編　中央大学出版
THE GENERAL THEORY OF EMPLOYMENT, INTEREST, AND
　MONEY by John Maynard Keynes A Harbinger Book「ケインズ一般
　理論──」塩野谷九十九訳
●科学
BRIGHT AIR, BRILLIANT FIRE　by Gerald M. Edelman Basic Books
THE SYMBOLIC SPECIES by Terrence W. Deacon Norton
ANIMAL MINDS by Donald R. Griffin Chicago
「歴史における科学」J. D. バナール著　鎮目恭夫訳　みすず書房
「十七世紀科学革命」ジョン・ヘンリー著　東慎一郎訳　岩波書店
「科学の終焉」ジョン・ホーガン著　筒井康隆監修　竹内薫訳　徳間書店
「近代科学と聖俗革命」村上陽一郎著　新曜社
「思想の中の科学」村上陽一郎著　平凡社

「西欧近代科学」村上陽一郎著　新曜社
「失われた発見」デック・テレシ著　林大訳　大月書店
「十六世紀文化革命」山本義隆著　みすず書房
●宗教
「トマス・アクイナス　神学大全」稲垣良典著　講談社選書メチエ
「道教とはなにか」坂出祥伸著　中公叢書
「プロテスタント」S. F. ブラウン著　五郎丸仁美訳　青土社
「科学と宗教」J. H. ブルック著　田中靖夫訳　工作舎
「老子、荘子の教え」守屋淳著　日本実業出版社
「孔子の教え一日一言」孔健著　PHPハンドブック
EASTERN RELIGIONS by Michael D. Coogan as General Editor Oxford
●日本人
「甘え」の構造　土居健郎著　弘文堂
「甘え」と日本人　土居健郎・齋藤孝著　朝日出版
「甘え」と依存　フランク・A・ジョンソン著　江口重幸・五木田紳訳　弘文堂
「日本人とは何か」山本七平著　祥伝社
「近代日本の虚像と実像」対談　山本七平・大浜徹也　同成社
「日本的ということ」加藤周一対話集　かもがわ出版
「私にとっての20世紀」加藤周一著　岩波書店
THE GEOGRAPHY OF THOUGHT by Richard E. Nisbett Free Press
日本語訳「木を見る西洋人　森を見る東洋人」村本由紀子訳　ダイヤモンド社
「これが日本人だ」王志強著　小林さゆり訳　basilica

注釈

● 第 1 章
（1）「これが日本人だ」p. 37
（2）「甘え」の構造、土居氏
（3）「甘え」に関する著書：「甘え」と依存、「甘え」と日本人等の著書

● 第 2 章
（1）世界の経済状況
（2）「総合商社と動向のカラクリがよくわかる本」丸紅経済研究所　秀和システム
（3）豊田武氏の著書を参考
（4）貫高から石高へ：織田信長の書状
（5）「歴史史料」参照、「経済史」参照
（6）「下田物語」by Oliver Statler 読んでみると幕府の慎重さとアメリカのタウゼント、ハリス氏との 6 年あまりにわたる外交のすえやっと「友好通商条約」が達成された。この本を読んだら日本人は「黒船症候群」から解放される。今日の日本の支配階級は国民に何かと都合の悪いときにこの「症候群」を使って問題をそらそうとしている。

● 第 3 章
（1）日本人のノーベル受賞者
（2）大塩平八郎
（3）中国の歴史　五国時代
（4）大和時代　資料参考
（5）鉄器文明の世界分布図
（6）「中世の覚醒」参照
（7）「歴史史料」p. 348
（8）加藤周一の書物から
（9）マルクス、エンゲルス全集　（M＆E）
（10）STUDIES IN THE CLASSICAL THEORIES OF MONEY by Karl Niebyl Columbia University Press 1946
（11）アフリカ人についての書物参照
（12）古代ギリシャ哲学史の書物参照
（13）主に（M＆E）全集とケインズの「一般理論──」参考にして

● 第 4 章
（1）古代ギリシャについての文献参照
（2）ヘーゲルに関する書物参照：特に長谷川氏の書物

（ 3 ）弁証論の図は最初にカール・ニーブル教授のクラス（California State Uni, San Jose）で説明されたものをヒントに描いている
（ 4 ）「M＆E」全集参考
（ 5 ）カール・ニーブル教授
（ 6 ）プラトンに関する書物から
（ 7 ）San Jose 校で著者は文章つくりを Dr. Roche にご指示いただき感謝している。文章つくりを通して論理的な思考力が身に付くことを実感した。
（ 8 ）ニスベット氏から例をとったものである。
（ 9 ）図 2 参照
（10）クローンに関する書物：
（11）遺伝子工学についての書物紹介：
（12）工業革命での資料：
（13）新科学の誕生に関する書物：
（14）アッシュール文化
（15）鉄器文明の発祥の地：大村氏の書物を参考にして
（16）鉄器の世界分布図
（17）小河墓文化　NHK シルクロードプロジェクトの書物を参照
（18）インド史
（19）中国国家の中学向け教科書から
（20）奴隷商人の軌跡
（21）アウグスティヌス教父の布教、
（22）中世の西欧経済の発展に関する書物参照
（23）トマス・アクイナスについて「中世の覚醒」は一番参考になった
（24）カルヴィニズムについて
（25）17-18世紀のヨーロッパの経済の書物を参考にして
（26）イギリスの工業；
（27）オランダの工業史：
（28）カール・ニーブル博士の書物を参考
（29）ジョン・S・ミル
（30）世界の富豪者番付：2004年度であるが、WEB 金融新聞によると世界で10億ドル以上の資産を所有する者は580名である。65億人以上が住んでいる地球のほとんどの資産がわずか数百名の手元にあることは異常ではなかろうか。

●第5章
（1）律令制から荘園（封建）制へ：「日本史史料」参照
（2）薩長連合による明治政権
（3）三井資本の貸し出し
（4）明治動乱期について；御前会議、
（5）天皇家の最近の生活をみると、ストレスがたまることが多いようだ。子息の早期留学も理解できる。
（6）バブル崩壊後の商社；
（7）過去20年の銀行の推移
（8）55年体制について；

清宮　孝治（せいみや　こうじ）
1946年千葉県生まれ
米国留学6年
カリフォルニア大学バークレイ校経済学部（単位取得）
カリフォルニア州立大学サンホセ校経済学部履修、同大学院経済学部修士課程留学
職歴：神田外語学院講師、海外派遣通訳、現在は翻訳業
著書：「ネーチブな英作文 How to Write an English Composition」

西洋思考と日本人
2011年3月28日初版印刷
2011年4月11日初版発行

著者　清　宮　孝　治
制作　中央公論事業出版
〒104-0031　東京都中央区京橋2-8-7
電話 03-3535-1321　Fax 03-3535-1325
http://www.chukoji.co.jp/

印刷・製本／藤原印刷

©2011　Seimiya Koji　ISBN978-4-89514-367-7　C0095